Erasmus von Rotterdam | Encomium matrimonii

Erasmus von Rotterdam
Encomium matrimonii
Lob der Ehe

Lateinisch / Deutsch

Übersetzt, kommentiert und herausgegeben
von Gernot Krapinger

Reclam

Uxori optimae!

RECLAMS UNIVERSAL-BIBLIOTHEK Nr. 19307

Gestaltung: Cornelia Feyll, Friedrich Forssman
Gesamtherstellung: Reclam, Ditzingen. Printed in Germany 2015
RECLAM, UNIVERSAL-BIBLIOTHEK und
RECLAMS UNIVERSAL-BIBLIOTHEK sind eingetragene Marken
der Philipp Reclam jun. GmbH & Co. KG, Stuttgart
ISBN 978-3-15-019307-5
www.reclam.de

Declamatio in genere suasorio de laude matrimonii

Lob der Ehe

[385] Quanquam pro tua singulari sapientia, ipse abunde per te sapis affinis iucundissime, nec alienis eges consiliis, tamen hoc vel veteri nostrae amicitiae, quae ab ipsis prope cunabulis una cum aetate nobis accrevit, vel tuis summis in me officiis, vel arctissimae denique affinitati debere me putavi, si is esse vellem, quem tu me semper existimasti virum et amicum et gratum, ut id quod ad tuam tuorumque salutem ac dignitatem plurimum interesse iudicassem, te libenter ac libere admonerem. Aliena nonnunquam rectius quam nostra perspicimus. Tuum consilium meis in rebus persaepe sum secutus, neque minus felix mihi comperi quam erat amicum. Nunc si vicissim in tuis meum sequi voles, futurum arbitror ut neque me suasisse, neque te poeniteat paruisse.

Cenavit apud me sexto Idus Apriles, cum in villa montana essem, Antonius Baldus, homo, ut scis, tuarum rerum studiosissimus, generique tuo iam inde ab initio coniunctissimus. Triste plenumque lachrymarum convivium. Nunciabat [386] mihi magno utriusque dolore, matrem tuam, foeminam integerrimam, e vivis concessisse; sororem tuam luctu ac desiderio victam, sterilitati dicatarum virginum choro asscriptam esse, ad te unum spem stirpis tuae redisse, amicos summo consensu tibi puellam summo ge-

[385] Obwohl du angesichts deiner außerordentlichen Weisheit – du selbst, liebwertester Freund, verfügst ja von dir aus über reichliche Einsicht – keiner fremden Ratschläge bedarfst, glaubte ich dennoch, es entweder unserer alten Freundschaft, die beinahe von Kindesbeinen an gemeinsam mit unserem Alter gewachsen ist, oder deinen großen Gefälligkeiten mir gegenüber und schließlich unserer überaus engen Verbundenheit zu schulden – wollte ich mich nur als dankbarer Freund erweisen, wofür du mich ja immer gehalten hast –, dass ich dir das, was für dein und deiner Angehörigen Glück und Ansehen, wie ich glaubte, von größter Wichtigkeit ist, ungeniert und offen rate. In den Angelegenheiten anderer haben wir oft einen klareren Blick als in den eigenen. In meinen eigenen Angelegenheiten bin ich sehr oft deinem Rat gefolgt, und zu meinem nicht geringen Glück konnte ich die Erfahrung machen, wie günstig das für mich war. Wenn du jetzt umgekehrt in deinen Angelegenheiten meinem Rat folgen willst, wirst du es, glaube ich, weder missbilligen, dass ich dir geraten habe, noch dass du mir gefolgt hast.

Am 8. April speiste bei mir, als ich in meinem Landhaus in den Bergen weilte, Antonius Baldus, ein Mann, der, wie du weißt, dir sehr gewogen und deiner Familie schon von Beginn an aufs engste verbunden ist. Es war ein trauriges Mahl, voller Tränen. Er berichtete [386] mir zu unser beider großem Schmerz, dass deine Mutter, diese lautere und sittenreine Frau, aus dem Leben geschieden sei und dass deine Schwester vor lauter Trauer und Sehnsucht nach ihr sich in ein Frauenkloster eingeschrieben habe, um sich zur Keuschheit zu verpflichten; alle Hoffnung auf einen Stammhalter ruhe nun auf dir; die Freunde hätten dir in größter Ein-

nere natam, forma praestanti, optime moratam, postremo tui amantissimam, summa cum dote obtulisse; te vero nescio qua seu doloris impotentia, seu religione, ita celibatum decrevisse ut nec generis studio, nec sobolis amore, nec amicorum ullis, aut monitis, aut precibus, aut lachrymis abduci possis a sententia.

Tu tamen vel me autore, mentem istam mutabis, et celibatu relicto, sterili ac parum humano vitae instituto, sanctissimo coniugio indulgebis. Qua in re neque tuorum charitatem, quae tamen alioquin animum tuum vincere debebat, neque autoritatem quicquam mihi prodesse cupio, nisi clarissimis rationibus ostendero id fore tibi longe tum honestius, tum utilius, tum iucundius, quid quod etiam hoc tempore necessarium.

Nam primum hac in re, si te honesti ratio movet, quae apud probos viros plurimum valere debet, quid matrimonio honestius, quod ipse Christus honestavit, qui nuptiis una cum matre, non solum interesse dignatus est, verumetiam nuptiale convivium miraculorum suorum primitiis consecravit? Quid sanctius, quod ipse rerum parens instituit, adiunxit, sanctificavit, quod ipsa sanxit natura? Quid

mütigkeit ein Mädchen aus vornehmer Familie, eine herausragende Schönheit, höchst gesittet und schließlich dir sehr zugetan und noch dazu mit einer ordentlichen Mitgift, angeboten; du aber hättest dich – ich weiß nicht, ob aus unbändigem Schmerz oder aus religiösen Bedenken – so sehr für die Ehelosigkeit entschieden, dass du weder aus Interesse für deine Familie noch durch das Verlangen nach einem Nachkommen noch durch irgendwelche Bitten und Ermahnungen der Freunde oder durch Tränen von deinem Vorhaben abgebracht werden könntest.

Mögest du doch auf meinen Rat hin deine Meinung ändern, deine Ehelosigkeit, diesen unfruchtbaren und wenig menschenfreundlichen Lebensvorsatz, aufgeben und dich der heiligen Ehe verschreiben. Ich möchte mich dabei weder auf deine Liebe zu deinen Angehörigen, die freilich sonst dein Herz bewegen sollte, noch auf meine Autorität berufen, wenn es mir nicht gelingt, mit klaren Überlegungen nachzuweisen, dass das [die Ehe] für dich sowohl weitaus ehrenvoller als auch nützlicher und angenehmer, ja mehr noch, dass es sogar in dieser Situation für dich notwendig sein wird.

Das Erste dabei ist doch: Wenn dich der Gedanke des Ehrenvollen bewegt, was ja bei rechtschaffenen Männern am meisten Gewicht haben sollte, was ist dann ehrenvoller als die Ehe, der ja Christus selbst Ehre und Ansehen verliehen hat, der sich herabgelassen hat, gemeinsam mit seiner Mutter einer Hochzeit nicht nur beizuwohnen, sondern das Hochzeitsmahl sogar noch durch sein Erstlingswunder geheiligt hat? Was ist heiliger als das, was der Schöpfer aller Dinge selbst eingesetzt, verliehen und geweiht, was die Natur selbst geheiligt hat? Was ist lobenswerter als das,

eo laudabilius, quod qui reprehendit hereseos damnetur? Quid aequius quam id reddere posteris, quod ipsi a maioribus accepimus? Quid inconsyderatius quam id sanctimoniae studio, perinde ut prophanum fugere, quod deus ipse totius sanctimoniae fons ac parens sanctissimum haberi voluit? Quid inhumanius quam hominem ab humanae conditionis legibus abhorrere? Quid ingratius quam id negare minoribus, quod ipse nisi a maioribus accepisses ne esses quidem qui negare posses? Quod si matrimonii quaerimus autorem, non a Lycurgo, non a Mose, non a Solone, sed ab ipso summo rerum omnium opifice conditum et institutum est, ab eodem et laudatum, ab eodem honestatum consecratumque. Siquidem initio cum hominem e limo finxisset, miseram prorsus et inamoenam eius vitam fore intellexit, nisi sociam Evam adiungeret. Quare uxorem non e luto illo quo virum, sed ex Adae cratibus eduxit, quo prorsus intelligeremus nihil nobis uxore charius esse debere, nihil coniunctius, nihil tenacius adglutinatum. Idem ille post diluvium mortalium generi reconciliatus hanc primam legem provulgasse legitur, non uti celibatum amplecterentur, sed ut crescerent, ut multiplicarentur, ut terram implerent. At quo pacto, nisi coniugio darent operam? Et ne hic vel Mosaicae legis libertatem, vel [388] tempestatis

weswegen einer, der es tadelt, der Häresie beschuldigt wird? Was ist billiger, als das an unsere Nachkommen weiterzugeben, was wir selbst von unseren Vorfahren übernommen haben? Was ist unüberlegter, als im Eifer eines heiligen Lebenswandels das gleichsam als etwas Gottloses zu verwerfen, was Gott selbst, der Urquell aller Heiligkeit, aufs höchste geheiligt wissen wollte? Was ist unmenschlicher, als dass ein Mensch die Gebote seiner menschlichen Bestimmung verabscheut? Was ist undankbarer, als dasjenige den Nachfahren zu verweigern, was du gar nicht zu verweigern in der Lage wärest, wenn du es nicht selbst von den Vorfahren bekommen hättest? Wenn wir aber nach dem Urheber der Ehe fragen, so wurde sie nicht von Lykurg, nicht von Moses, nicht von Solon, sondern von dem höchsten Schöpfer aller Dinge selbst eingerichtet und begründet; von ihm wurde sie auch gutgeheißen, von ihm mit Ehre ausgezeichnet und geheiligt. Als er allerdings am Anfang den Mann aus Lehm geformt hatte, erkannte er, dass dessen Leben hinfort unglücklich und freudlos sein würde, wenn er ihm nicht Eva als Gefährtin mitgäbe. Daher machte er die Frau nicht aus Lehm wie den Mann, sondern ließ sie aus Adams Rippen herauswachsen, damit wir klar erkennen, dass uns nichts teurer, nichts näherstehend, nichts fester verbunden sein solle als die Frau. Wie wir nachlesen können, hat er auch, nachdem er sich nach der Sintflut mit dem Geschlecht der Menschen wieder versöhnt hatte, dieses Gebot als erstes verkündet, nicht dass sie sich der Ehelosigkeit hingeben, sondern dass sie fruchtbar sein, sich mehren und die Erde erfüllen sollten. Aber wie sollten sie das bewerkstelligen, wenn nicht durch die Ehe? Und um uns hier nicht auf die Freizügigkeit des mo-

illius necessitatem causemur, quid aliud sibi vult illud in Evangelicis quoque literis repetitum comprobatumque Christi suffragium? *Propter hoc*, inquit, *relinquet homo patrem et matrem et adhaerebit uxori suae.* Quid parentum pietate sanctius? At huic tamen coniugalis praefertur fides. Quo autore? Nempe Deo. Quo tempore? Non Iudaismi tantum, sed Christianismi quoque. Iam si caetera sacramenta, quibus Ecclesia Christi potissimum nititur, religiosa quadam veneratione coluntur, quis non videt huic plurimum religionis deberi, quod et a Deo, et primum omnium est institutum? Et caetera quidem in terris, hoc in Paradiso, caetera ad remedium, hoc ad consortium felicitatis, caetera naturae collapsae sunt adhibita, unum illud conditae datum est. Si leges a mortalibus institutas sanctas habemus, non erit coniugii lex sanctissima, quam ab eodem accepimus, a quo et vitam, quae una prope cum ipso hominum genere nata est?

Denique ut legem exemplo confirmaret, adolescens, ut dictum est, ad nuptiale convivium vocatus, una cum matre libens adfuit, nec adfuit modo, verumetiam prodigioso munere cohonestavit, haud alibi miraculorum suorum initium auspicatus. Cur igitur, inquies, Christus ipse a coniugio abstinuit? Quasi vero non plurima sint in Christo, quae mirari potius quam imitari debeamus, sine patre natus,

saischen Gesetzes oder [388] auf die Notwendigkeit der damaligen Situation zu berufen, besagt nicht auch das in den Evangelien wiederholte und bestätigte Wort Christi dasselbe? *Daher*, so sagt er, *wird der Mann Vater und Mutter verlassen und seinem Weibe anhangen.* Was ist heiliger als die Liebe zu den Eltern? Und doch wird ihr die eheliche Treue vorgezogen. Wer ist der Gewährsmann dafür? Doch wohl Gott. Zu welcher Zeit? Nicht nur zur Zeit des Judentums, sondern auch zur Zeit des Christentums. Wenn schon die übrigen Sakramente, auf die sich die Kirche vornehmlich stützt, mit gottesfürchtiger Anbetung verehrt werden, wer begreift dann nicht, dass dem ein Höchstmaß an Gottesfurcht gebührt, das von Gott selbst und zwar als allererstes eingesetzt worden ist? Alle anderen Sakramente wurden auf Erden eingesetzt, dieses aber schon im Paradies; die anderen dienen als Heilmittel, dieses aber dient dem gemeinsamen Glück; die anderen betreffen die Welt nach dem Sündenfall, dieses allein die Schöpfung davor. Wenn wir die menschlichen Gesetze schon für heilig erachten, wird dann nicht das Gesetz der Ehe das heiligste sein, das wir doch von dem empfangen haben, von dem wir auch das Leben haben, und das beinahe gleichzeitig mit dem Menschengeschlecht selbst entstanden ist?

Um schließlich dieses Gesetz als Vorbild zu bekräftigen, wurde Christus, wie gesagt, als Jüngling zum Hochzeitsmahl gerufen und nahm gerne mit seiner Mutter daran teil; er nahm nicht nur daran teil, sondern zeichnete es auch durch eine Wundergabe aus, und eben hier begann er seine Wundertaten. Warum, so wirst du fragen, enthielt sich Christus selbst der Ehe? Wie wenn es nicht sehr vieles an ihm gäbe, was wir eher bewundern als nachahmen sollten;

sine parentis dolore processit, clauso monumento prodiit. Quid in eo non supra naturam? Sint haec illi propria, nos intra naturae legem viventes, suspiciamus illa quae supra naturam sunt. Sed e virgine nasci voluit. E virgine quidem, sed coniugata. Virgo mater Deum decebat; coniugata nobis quid esset agendum significavit. Virginitas eam decebat, quae caelestis afflatu numinis illibata pareret illibatum. Sed Ioseph sponsus nobis casti [390] coniugii leges commendat. Qui magis coniugalem societatem potuit commendare, quam quod arcanam illam, et angelicis quoque mentibus stupendam, divinae naturae cum humano corpore animaque coniunctionem; quod ineffabilem illum et aeternum in ecclesiam suam amorem declarare volens, se sponsum illius, illam sponsam suam appellat? *Magnum*, inquit Paulus, *matrimonii sacramentum est, in Christo et in Ecclesia.* Si qua fuisset in rerum natura sanctior copula, si quod foedus religiosius quam coniugium, profecto ab eo sumpta fuisset imago. Quid simile usquam de caelibatu legis in arcanis literis? *Honorandum connubium, et thorus immaculatus praedicatur*, celibatus ne nominatur quidem. Iam vero Mosaica lex sterile coniugium execratur, atque ob id a communibus aris quosdam submotos legimus. Quam-

schließlich ist er ohne Vater geboren, ohne Schmerzen der Mutter zur Welt gekommen und aus dem verschlossenen Grab hervorgegangen. Was an ihm ist nicht übernatürlich? Das gehört wohl zu ihm; wir aber, die wir unter dem Gesetz der Natur leben, wollen alles Übernatürliche bewundern. Er wollte von einer Jungfrau geboren werden. Ja, von einer Jungfrau, aber von einer verheirateten. Eine Jungfrau war als Mutter für Gott angemessen; dass sie verheiratet war, zeigte uns, was wir tun müssen. Die Jungfräulichkeit ziemte sich für sie, die unbefleckt durch den Hauch der himmlischen Gottheit [den Heiligen Geist] einen Unbefleckten gebären sollte. Aber ihr Bräutigam Joseph [390] empfiehlt uns die Gebote einer keuschen Ehe. Wie konnte Christus die eheliche Gemeinschaft besser empfehlen als durch jenes Mysterium der Verbindung einer göttlichen Natur mit einem menschlichen Körper und Geist, das selbst die Gemüter der Engel in Staunen versetze, und dadurch, dass er, weil er jene unaussprechliche und ewige Liebe zu seiner Kirche verkünden will, sich selbst ihren Bräutigam und sie seine Braut nennt? *Groß ist,* sagt Paulus, *das Geheimnis der Ehe bei Christus und der Kirche.* Wenn es auf der Welt eine heiligere Verbindung, einen gottgefälligeren Bund gegeben hätte als die Ehe, dann hätte er gewiss das Bild von da genommen. Kannst du irgendwo in der Heiligen Schrift ähnliches über die Ehelosigkeit lesen? *Die Ehe ist etwas Lobenswertes, das unbefleckte Ehebett wird gepriesen*, die Ehelosigkeit wird nicht einmal erwähnt. Aber schon das mosaische Gesetz verflucht eine unfruchtbare Ehe und dort können wir auch nachlesen, dass man deswegen [der Kinderlosigkeit wegen] sogar einige von den gemeinsamen Altären verbannt hat. Warum denn? Doch

obrem tandem? nempe ideo quod tanquam inutiles, et sibi duntaxat viventes, populum nulla sobole augerent. Quod si lex damnat sterile matrimonium, caelibes multo amplius damnavit. Si natura poenam non effugit, ne voluntas quidem effugiet. Si damnantur quorum voluntati natura defuit, quid commerentur ii, qui ne operam quidem dederunt ne steriles essent?

Hebraeorum leges hoc honoris habebant matrimonio, ut qui sponsam duxisset, eodem anno non cogeretur in bellum exire. Periclitatur civitas, nisi sint qui eam armis tueantur. At certum exitium est, nisi sint qui coniugii beneficio iuventutem, semper mortalitate deficientem sufficiant. Quin et Romanae leges eos qui caelibes essent damno etiam mulctabant, a reipublicae muneribus secludebant. At qui liberis rempublicam auxissent, eis tanquam bene meritis [392] praemium e publico statuebant. Argumento est ius trium liberorum, ne caetera persequar. Lycurgus leges tulit, ut qui uxores non ducerent, hi et aestate arcerentur a ludis ac spectaculis, hyeme vero nudi forum circumirent, seque execrati iusta pati dicerent, quod legibus non paruissent.

Iam vis scire quantum matrimonio tribuerit antiquitas, violati matrimonii poenam perpende. Graeci quondam vi-

wohl deshalb, weil sie gleichsam nutzlos und lediglich für sich selbst leben und das Volk durch keinerlei Nachkommen vermehren. Wenn das Gesetz schon eine kinderlose Ehe verurteilt, so verurteilte es die Ehelosen noch viel mehr. Wenn schon die Natur der Strafe nicht entrinnt, dann wird auch die Absicht der Strafe nicht entgehen. Wenn schon diejenigen sich schuldig machen, die zwar wollen, aber von Natur aus keine Kinder zeugen können, was verdienen dann erst die, die sich nicht einmal bemüht haben, nicht unfruchtbar zu sein?

Die Gesetze der Juden hielten die Ehe so sehr in Ehren, dass ein frisch Vermählter in demselben Jahr nicht in den Krieg ziehen musste. Der Staat gerät in Gefahr, wenn es niemanden gibt, der ihn mit Waffen schützt. Aber sein sicherer Untergang ist es, wenn es niemanden mehr gibt, der in der Ehe für Nachwuchs an Jungen sorgt, die dadurch, dass sie im Krieg fallen, immer weniger werden. Ja, auch die römischen Gesetze belegten die Ehelosen mit Strafen und schlossen sie von staatlichen Ämtern aus. Wer aber mit Kindern den Staat vermehrt hatte, für den setzten sie gleichsam für sein Wohlverhalten [392] eine staatliche Belohnung aus. Beweis dafür ist das »Dreikinderrecht«, um von anderem zu schweigen. Lykurg beantragte Gesetze, dass die Unverheirateten im Sommer nicht an den Spielen und Theateraufführungen teilnehmen durften, im Winter aber nackt auf dem Marktplatz herumgehen, sich selbst verwünschen und sagen sollten, dass ihnen das zu Recht widerfahre, weil sie die Gesetze nicht befolgt hätten.

Willst du wissen, wie viel Wert man in alter Zeit auf die Ehe legte, dann betrachte nur die Strafe für den Ehebruch. Die Griechen glaubten einst, die Verletzung des Rechtes

olatum matrimonii ius decenni bello vindicandum censuerunt. Ad haec non Romanis modo, verumetiam et Hebraeis et Barbaricis legibus, adulteris pena capitalis statuebatur. Furem quadrupli poena absolvebat, adulterii scelus securis expiabat. Apud Hebraeos autem populi manibus lapidabatur, qui id violasset, sine quo populus non esset. Nec hoc contenta legum severitas, illud etiam permisit, deprehensum adulterum sine iudicio, sine legibus confodere, nimirum id donans dolori maritali, quod gravate concedit vim a capite propellenti, quasi ledat atrocius, qui coniugem adimat quam qui vitam. Profecto sanctissimam quandam rem coniugium videri necesse est, quod violatum humano sanguine sit expiandum, cuius poena, nec leges nec iudicem expectare cogitur, quod ius nec in parricidio est.

Sed quid de scriptis legibus agimus? Naturae haec lex est, non in tabulis aereis exarata, sed animis nostris penitus insita, cui qui non paret, ne homo quidem sit existimandus, nedum bonus civis. Nam si, ut Stoici homines acutissimi disputant, recte vivere, est naturae ductum sequi, quid tam naturae consentaneum quam matrimonium? Nihil enim tam a natura, non hominibus modo, verumetiam

der Ehe in einem zehnjährigen Krieg bestrafen zu müssen. Zudem stand nicht nur in den römischen, sondern auch in den Gesetzen der Juden und Barbaren auf Ehebruch die Todesstrafe. Der Dieb ging unter Bestrafung [zur Leistung] des vierfachen Betrages frei, das Verbrechen des Ehebruches sühnte das Beil. Bei den Juden aber wurde derjenige, der das verletzt hatte, ohne das es kein Volk gäbe [die Ehe samt Nachkommen], von den Händen des Volkes gesteinigt. Aber damit begnügte sich die Strenge der Gesetze noch nicht; sie machte es sogar möglich, einen Ehebrecher, den man ertappt hatte, ohne richterliches Urteil und ohne Gesetze zu töten, indem sie das freilich dem gekränkten Ehepartner anheimstellte, was sie dem, der eine Gewalttat von seiner Person abwehrte [aus Notwehr], nur ungern gestattete, als ob der, der eine Ehefrau raubt, einen schlimmeren Schaden anrichten würde als der, der ein Leben raubt. Auf jeden Fall muss die Ehe als eine äußerst heilige Sache angesehen werden, weil ihre Verletzung mit Menschenblut zu sühnen ist; die Strafe dafür muss weder auf Gesetze noch auf einen Richter Rücksicht nehmen, eine Rechtsnorm, die nicht einmal beim Vatermord zur Anwendung kommt.

Aber was reden wir von geschriebenen Gesetzen? Dieses Gesetz ist ein Naturgesetz, nicht aufgezeichnet auf ehernen Tafeln, sondern tief verwurzelt in unserem Inneren; wer diesem Gesetz nicht gehorcht, kann nicht einmal als Mensch gelten und schon gar nicht als rechtschaffener Bürger. Denn wenn nach den scharfsinnigen Erörterungen der Stoiker richtig leben so viel bedeutet wie sich von der Natur leiten zu lassen, was ist dann so naturgemäß wie die Ehe? Nichts ist nämlich von Natur aus nicht nur den Men-

reliquo animantium generi insitum est, quam ut suam quodque speciem ab interitu vindicet, et propagatione posteritatis, tanquam immortalem [394] efficiat. Quod sine coniugali coniunctione fieri non posse quis ignoret? Turpissimum autem videtur, muta pecora naturae parere legibus, homines Gigantum more naturae bellum indicere. Cuius opus si oculis haud cecutientibus inspiciamus, intelligemus in omni rerum genere coniugii speciem quandam inesse voluisse. Omitto enim iam de arboribus, in quibus Plinio autore certissimo, adeo manifesto sexus discrimine coniugium invenitur, ut nisi marita arbor in foeminas circunstantes ramis incumbat, tanquam concubitu, hae plane steriles mansurae sint. Taceo de gemmis, in quibus sexum inveniri scripsit idem autor, at non solus. Nonne ita res cunctas vinculis quibusdam connexuit, ut aliae aliis egere videantur? Quid caelum perpetuo motu versabile, nonne dum tellurem omnium parentem subiectam, vario rerum genere foecundat, velut infuso semine, mariti fungitur officio? Sed singula percurrere nimis longum arbitror. Quorsum autem haec spectant? eo videlicet, ut intelligamus coniugali societate et constare et contineri omnia, sine ea dissolvi, interire, collabi cuncta.

schen, sondern auch den übrigen Lebewesen so sehr angeboren, wie jeweils seine eigene Art vor dem Aussterben zu bewahren und durch Fortpflanzung gleichsam [394] unsterblich zu machen. Wer wüsste nicht, dass das ohne eheliche Vereinigung unmöglich ist? Am schlimmsten aber scheint es, dass das stumme Vieh zwar den Gesetzen der Natur gehorcht, die Menschen aber gleich den Giganten der Natur den Krieg erklären. Wenn wir das Werk der Natur sehenden Auges betrachten, werden wir erkennen, dass nach ihrem Willen allen Dingen eine Art von Ehe innewohnt. Ich übergehe einmal die Bäume, bei denen sich nach dem sicheren Zeugnis des Plinius bei ganz deutlicher Unterscheidung des Geschlechts eine eheliche Verbindung feststellen lässt, so dass die Bäume völlig unfruchtbar bleiben würden, wenn sich nicht ein befruchtender Baum mit seinen Ästen gleichsam zur Begattung zu den herumstehenden weiblichen hinneigen würde. Ich will auch nicht von den Edelsteinen reden, bei denen sich ja auch, wie eben jener Autor, aber nicht nur er, schreibt, ein Geschlecht findet. Hat nicht die Natur alle Dinge durch Bindungen förmlich so miteinander verknüpft, dass immer die einen der anderen zu bedürfen scheinen? Wie, übt nicht der Himmel mit seiner dauernden Bewegung die Funktion eines Gatten aus, indem er die unter ihm liegende Erde, die Mutter aller Dinge, mit allen nur möglichen Arten befruchtet, so als würde er seinen Samen in sie ergießen? Alles im einzelnen aufzuzählen, dünkt mich zu lange. Aber worauf zielt dies alles ab? Darauf natürlich, dass wir erkennen, dass alles auf ehelicher Verbindung beruht und durch sie zusammengehalten wird, ohne sie aber alles sich auflöst, zugrunde geht und verfällt.

Fingunt veteres illi ac sapientissimi poetae, quibus studium fuit philosophiae praecepta fabularum involuchris tegere, Gigantes, anguipedes terrae filios, extructis in caelum montibus bellum superis intulisse. Quid haec sibi vult fabula? Nimirum immanes quosdam ac feros homines et obscuros, a coniugali concordia vehementer abhorruisse, eoque fulmine praecipitatos, hoc est, funditus interisse, cum id vitarent, quo solo constat humani generis incolumitas. At iidem Orpheum poetam ac citharedum saxa durissima cantu movisse commemorant. Quid significantes? Nempe virum et sapientem et facundum, homines saxeos et ferarum ritu viventes, a vago concubitu prohibuisse, atque [396] ad matrimonii sanctissimas leges adduxisse. Apparet igitur qui connubii amore non tangitur, eum non hominem, sed saxum videri, hostem naturae, numini rebellem, suapte stulticia sibi perniciem accersere.

Age vero, quandoquidem in fabulas minime fabulosas incidimus, idem Orpheus, cum apud inferos Plutonem ipsum manesque permovit ut Euridicen suam liceret abducere, quid aliud poetas cogitasse putamus quam ut nobis coniugalem amorem commendarent, qui apud inferos quoque sanctus ac religiosus haberetur? Eodem pertinet quod antiquitas coniugio Iovem Gamelium praefecerat, Iunonem pronubam, Lucinam, quae parturientibus adesset: super-

Jene alten und weisen Dichter, deren Bestreben es war, philosophische Lehren in Geschichten zu kleiden, lassen die Giganten, die schlangenfüßigen Söhne der Erde, Berge bis zum Himmel empor türmen und so den Göttern den Krieg bringen. Was soll diese Geschichte? Doch ohne Zweifel [geht es darum], dass einige gewalttätige, wilde und finstere Menschen die eheliche Eintracht heftig verabscheuten und deshalb vom Blitz herabgeschleudert wurden, das heißt, völlig zugrunde gingen, weil sie sich dem entzogen, worauf allein die Erhaltung der Menschheit beruht. Aber sie [die alten Dichter] erwähnen auch, der Dichter und Leierspieler Orpheus habe durch seinen Gesang die härtesten Felsen bewegt. Was meinen sie damit? Doch wohl, dass dieser weise und wortgewaltige Mann die steinharten und wie wilde Tiere lebenden Menschen von lockerer Promiskuität abgehalten und zu [396] den heiligen Gesetzen der Ehe hingeführt habe. Es wird also deutlich: Wen das Verlangen nach Ehe nicht berührt, der gilt nicht als Mensch, sondern als Fels, als Feind der Natur, als Rebell gegen die Gottheit und beschwört durch seine eigene Torheit sein Verderben herauf.

Aber gut, da wir nun einmal in keineswegs bloß fabulöse Geschichten geraten sind: Als eben jener Orpheus in der Unterwelt Pluto selbst und die Manen dazu bewegen konnte, seine Eurydike fortführen zu dürfen, was beabsichtigten da die Dichter unserer Meinung nach anderes, als uns die eheliche Liebe schmackhaft zu machen, die auch in der Unterwelt als unantastbar und heilig galt? Hierher gehört auch, dass man in alter Zeit die Ehe dem Schutz des Iupiter Gamelius, der Iuno Pronuba und Lucina, die den Gebärenden beistand, unterstellte; was die Namen der Götter

stitiose quidem errans in deorum nominibus, at non errans in hoc quod matrimonium rem sacram ac dignam, quae diis curae sit, iudicarit. Diversi quidem apud diversos populos ac nationes, ritus legesque fuere. Nulla unquam gens tam fuit barbara, tam ab humanitate omni aliena, apud quam coniugii nomen non sanctum, non venerandum sit habitum. Hoc Thrax, hoc Sarmata, hoc Indus, hoc Graecus, hos Latinus, hoc vel extremus orbis Anglus, aut si qui sint his quoque semotiores, religiosum habuit. Quid ita? quia necesse est omnibus esse commune, quod communis hominum parens insevit, et adeo penitus insevit, ut huius rei sensus non solum ad turtures et columbos, verumetiam ad immanissimas feras pertingat, siquidem leones in uxorem mites sunt. Pro catulis dimicant tigrides. Asinos per obstantes ignes agit prolis tuendae pietas. Atque hoc sane ius naturae vocant, ut efficacissimum, ita latissime patens. Ut igitur diligens cultor non est, qui praesentibus rebus contentus, arbores adultas satis quidem accurate tractat, caeterum neque propagandi neque inserendi [398] curam agit, propterea quod necesse est, paucis annis eos hortos quantumvis diligentur excultos interire, ita parum diligens in Republica civis censendus, qui praesenti turba contentus, de propaganda civium multitudine non cogitat. Nemo

betrifft, so irrte man sich freilich in seinem Aberglauben, nicht aber irrte man sich darin, dass man die Ehe für etwas Heiliges und Würdiges hielt, das den Göttern am Herzen liegt. Die religiösen Riten und Gesetze waren gewiss von Volk zu Volk und von Nation zu Nation verschieden. Niemals aber gab es ein Volk, das so barbarisch, so fernab von jeder Menschlichkeit war, dass bei ihm das Wort Ehe nicht als heilig und verehrungswürdig gegolten hätte. Das gilt für die Thraker genauso wie für die Sarmaten und Inder, für die Griechen gleichwie für die Römer, und selbst die Angeln am äußersten Ende der Welt, oder wenn es noch weiter Entfernte geben sollte als sie, hielten die Ehe für etwas Heiliges. Warum wohl? Weil sie allen gemeinsam sein muss, da sie der gemeinsame Vater der Menschen allen eingepflanzt hat; und er hat sie so tief eingepflanzt, dass das Empfinden dafür sich nicht nur auf die Turteltauben und Haustauben erstreckt, sondern auch auf die wildesten Tiere, insofern ja die Löwen sanftmütig zu ihren Weibchen sind und die Tiger für ihre Jungen kämpfen. Die Liebe zu ihrem Nachwuchs, den es zu schützen gilt, lässt die Esel sogar durchs Feuer gehen. Und das nennt man in der Tat Naturrecht, weil es sowohl sehr zweckmäßig als auch am weitesten verbreitet ist. Wie einer kein gewissenhafter Landmann ist, der, mit dem gegenwärtigen Zustand zufrieden, die herangewachsenen Bäume zwar hinlänglich sorgfältig behandelt, im übrigen sich aber weder um Ableger noch um Veredelung [398] kümmert – solche Gärten müssen ja trotz noch so sorgfältiger Pflege in wenigen Jahren zugrunde gehen –, so muss man auch im Staat einen Bürger, der sich mit der gegenwärtigen Menschenmenge begnügt und keinerlei Gedanken an deren Vermehrung verschwendet,

igitur unquam egregius civis habitus est, qui non liberis gignendis recteque instituendis operam dederit. Apud Hebraeos et Persas laudi in primis erat quam plurimas habere uxores, tanquam ei patria plurimum deberet, qui eam numerosissima sobole locupletasset.

Num tu Abraham ipso sanctior videri studes? Is pater multarum gentium non esset appellatus, idque Deo auspice, si uxoris contubernium refugisset. Num tu Iacob religiosior haberi quaeris? Is Rachelis amplexus tam diuturna servitute, redimere non dubitavit. Num Solomone sapientior? At quantum ille uxorum gregem domi aluit? Num Socrate castior, qui Xantippen foeminam etiam morosam domi pertulisse legitur, non tam ut ille suo more iocabatur, quo domi disceret tolerantiam, sed ne in naturae officio claudicasse videretur? Intellexit enim vir unus, Apollinis oraculo sapiens iudicatus, hac lege se genitum, ad hanc natum, hoc se debere naturae. Nam si recte a veteribus philosophis dictum est, si non temere a nostris theologis comprobatum, si merito, velut adagionis vice ubique decantatum, neque deum neque naturam quicquam frustra facere, cur haec membra tribuit, cur hos stimulos, hanc gignendi vim addidit, si coelibatus laudi ducitur? Si quis te

für wenig gewissenhaft halten. Niemand galt je als vorzüglicher Bürger, der sich nicht darum kümmerte, Kinder in die Welt zu setzen und sie auch anständig zu erziehen. Bei den Juden und Persern galt es als besonderes Lob, möglichst viele Frauen zu haben, so als ob das Vaterland dem am meisten verdankte, der es durch die zahlreichste Nachkommenschaft bereichert hatte.

Möchtest du etwa für noch tugendhafter gehalten werden als Abraham persönlich? Ihn hätte man nicht den Vater vieler Geschlechter genannt, und das nach dem Willen Gottes, wenn er das Bett seiner Gemahlin gemieden hätte. Trachtest du etwa danach, als gottesfürchtiger zu gelten als Jakob? Dieser zögerte nicht, sich die Umarmung Rachels durch so langjährige Frondienste zu erkaufen. Willst du etwa weiser sein als Salomon? Wie viele Frauen versorgte er in seinem Hause? Etwa züchtiger als Sokrates, der, wie man liest, sogar sein mürrisches Weib Xanthippe zu Hause ertrug, freilich nicht, um, wie er scherzend sagte, zu Hause Toleranz zu lernen, sondern um nicht den Anschein zu erwecken, dass er seinen natürlichen [ehelichen] Pflichten nur mangelhaft nachkomme? Denn dieser Mann, der nach dem Urteil des apollinischen Orakels der einzig weise ist, erkannte, dass das die Bestimmung seines Lebens sei, dass er dazu geboren sei und dass er das [Ehe und Kinder] der Natur schulde. Denn wenn die alten Philosophen damit recht haben, wenn es nicht zufällig den Beifall unserer Theologen gefunden hat und es aus gutem Grund wie ein abgedroschenes Sprichwort klingt, dass nämlich weder Gott noch die Natur etwas umsonst tut, warum hat er uns dann dieses Glied gegeben, warum diesen Trieb und diese Zeugungskraft, wenn die Ehelosigkeit als etwas Löbliches

magnifico munere donaret, arcu, veste, aut gladio, indignus accepto videberis, si uti eo aut noles, aut nescies. Cum caetera omnia tanta ratione sint constituta, haud verisimile videri debet, hac una in re naturam dormitasse.

Nec audio qui mihi dicat foedam illam pruriginem et Veneris stimulos non a [400] natura, sed peccato profectam. Quid tam dissimile veri? Quasi vero matrimonium, cuius munus sine his stimulis peragi nequit, non culpam precesserit. Iam in caeteris animantibus unde illi stimuli? an a natura an peccato? Mirum ni a natura. Postremo nos imaginatione foedum reddimus, quod suapte natura pulchrum ac sanctum est. Alioqui si res non opinione vulgi, sed ipsa natura velimus expendere, qui minus foedum est brutorum animantium more edere, mandere, concoquere, excernere, dormire, quam licita permissaque Venere uti?

At virtuti potius quam naturae parendum, perinde quasi virtus sit ulla dicenda, quae cum natura pugnet, unde nisi proficiscatur, ne esse quidem poterit, quae cultu et disciplina perficiatur. Sed apostolorum te institutum delectat, qui et ipsi caelibatum sunt secuti, et alios ad id vitae genus sunt cohortati. Imitentur sane apostolos viri apostolici, quorum

gilt? Wenn dir jemand ein großartiges Geschenk macht, einen Bogen, ein Gewand oder ein Schwert, dann wirst du dich der Gabe als unwürdig erweisen, wenn du sie nicht gebrauchen willst oder kannst. Wenn alles übrige so vernünftig eingerichtet ist, dann muss es wohl unglaubhaft erscheinen, dass die Natur einzig und allein in dieser Sache so gedankenlos gewesen ist.

Ich glaube auch keinem, der mir sagt, dass diese scheußliche Geilheit und die Triebe der Venus nicht auf die [400] Natur, sondern auf die Sünde zurückzuführen seien. Das ist doch ganz unwahrscheinlich. Als ob die Ehe, deren Aufgabe ohne diese Triebe nicht erfüllt werden kann, nicht der Sünde vorausgegangen wäre. Woher kommen denn diese Triebe bei den anderen Lebewesen? Von der Natur oder von der Sünde? Doch höchstwahrscheinlich von der Natur. Schließlich machen wir in unserer Phantasie das zu etwas Scheußlichem, was seinem Wesen nach etwas Schönes und Heiliges ist. Wenn wir übrigens die Sache nicht nach der landläufigen Meinung, sondern nach der Natur selbst erwägen wollen, warum sollte es weniger scheußlich sein, wie stumpfsinnige Tiere zu essen, zu kauen, zu verdauen, auszuscheiden und zu schlafen, als eine erlaubte und gebilligte Liebe zu genießen.

Aber man muss doch eher der Tugend als der Natur folgen. Als ob man irgendeine Tugend nennen könnte, die mit der Natur in Widerspruch steht; denn wenn sie nicht hier ihren Ursprung hätte, dann könnte es sie gar nicht geben, durch Erziehung und Bildung wird sie ja nur vollendet. Du aber findest deine Freude an der Lebensweise der Apostel, die ja selbst der Ehelosigkeit gefolgt sind und andere zu dieser Lebensform ermunterten. Gewiss, mögen apostolische

cum sit muneris et docere et instituere plebem, non queunt simul et gregi et uxori satisfacere, quanquam et apostolis uxores fuisse constat. Episcopis caelibatum concedamus. Quid tu apostolicum institutum sequeris, ab apostolico munere longe alienissimus, homo nimirum et prophanus et privatus? Illis hoc veniae datum est, ut vacent a coniugii munere, quo magis vacaret copiosiorem prolem Christo gignere. Sit istud sacerdotum ac [402] monachorum privilegium, quos apparet in Essenorum institutum successisse. Tui status alia ratio est. At ipse Christus, inquies, beatos pronunciavit, qui sese castrarunt ob regnum Dei. Non reiicio autoritatem, sed sententiam interpretor. Primum arbitror hoc Christi dogma ad ea tempora potissimum pertinere, quibus oportebat ecclesiasten ab omnibus mundi negotiis quam maxime expeditum esse. Cursitandum erat per omnes terras, imminebat undique persecutor. Nunc is est rerum ac temporum status ut nusquam reperias minus inquinatam morum integritatem quam apud coniugatos. Exaggerent quantumlibet suum institutum monachorum ac virginum examina, iactent quantum volent ceremonias cultusque suos, quibus potissimum inter caeteros eminent: sanctissimum vitae genus est, pure casteque servatum coniugium. Praeterea non is sese castrat, qui vivit caelebs, sed qui caste sancteque colit coniugii munus. Atque

Männer die Apostel nachahmen; obwohl es zu ihrer Aufgabe gehört, das Volk zu unterweisen und zu belehren, so können sie doch nicht zugleich der Menge und der Frau gerecht werden, wiewohl bekanntlich auch die Apostel Ehefrauen hatten. Gestehen wir also den Bischöfen die Ehelosigkeit zu. Warum aber folgst du der Lebensweise der Apostel, wo du doch mit dem apostolischen Amte gar nichts zu tun hast und ohne Zweifel ein gewöhnlicher Bürger und ein Mann bar aller Weihen bist? Jenen ist es erlaubt, von ehelichen Pflichten frei zu sein, damit sie mehr Zeit haben, die Schar der Nachkommen Christi zu mehren. Das sei ein Vorrecht der Priester und [402] Mönche, die offenkundig der Gewohnheit der Essener folgten. Dein Stand verlangt ein anderes Verhalten. Aber Christus selbst, wirst du sagen, hat diejenigen selig gepriesen, die sich um des Himmelreiches willen entmannt haben. Ich lehne die Gültigkeit dieses Satzes nicht ab, ich möchte ihn nur interpretieren. Erstens glaube ich, dass diese Lehrmeinung Christi sich am ehesten auf jene Zeit bezieht, in der die Kirchenmänner von allen weltlichen Beschäftigungen möglichst frei sein sollten, mussten sie doch durch alle Länder reisen, und überall drohten ihnen die Verfolger. In der heutigen Zeit aber ist die Situation so, dass man nirgends die Lauterkeit der Sitten reiner antrifft als bei den Eheleuten. Mögen die Scharen der Mönche und Nonnen ihre eigene Lebensweise auch noch so sehr rühmen, mögen sie mit ihren Zeremonien und Riten, mit denen sie unter allen anderen besonders hervorstechen, auch noch so sehr prahlen: Die frömmste Art zu leben ist in einer rein und züchtig geführten Ehe. Ferner, nicht der kasteit sich, der ehelos lebt, sondern der, der die Pflicht der Ehe züchtig und fromm erfüllt. Wären

utinam vere castrati sint, quicunque suis viciis magnificum castrationis praetexunt titulum sub umbra castitatis turpius libidinantes. Neque enim mei pudoris esse puto, commemorare in quae dedecora saepe prolabantur qui naturae repugnant. Postremo ne praecipit quidem Christus ulli coelibatum, at idem divortium palam interdicit. Mihi sane videtur, non pessime consulturus rebus ac moribus [404] hominum, qui sacerdotibus quoque ac monachis, si res ita ferat, ius indulgeat coniugii. Sed divina quaedam res est, angelica res est virginitas, at humana quaedam res est coniugium. Ego nunc homo loquor homini. Laudanda quidem res est virginitas, at ita si non haec laus ad quam plurimos transferatur. Quam si vulgo usurpare homines incipiant, quid virginitate dici cogitarive possit exitialius? Tum si in caeteris maxime laudem mereatur virginitas, in te certe reprehensione carere non potest, per quem stabit quo minus optimum illud genus et immortalitate cum primis dignum oblitteretur. Postremo minimum abest a virginitatis laude, qui ius illibatum coniugii servat, qui uxorem gignendae proli, non libidini habet. Si frater fratris sine liberis defuncti semen excitare iubetur, tu universi tui generis spem interire sines, praesertim cum ad te unum reciderit? Neque

doch all diejenigen, die ihre Laster unter dem pathetischen Deckmäntelchen der Kasteiung verhüllen, um im Schatten der Keuschheit umso schändlicher der Geilheit zu frönen, tatsächlich kastriert. Ich glaube freilich, dass mein Schamgefühl es mir verbietet, die Laster zu erwähnen, in die jene oft abgleiten, die gegen die Natur ankämpfen. Schließlich schreibt Christus niemandem die Ehelosigkeit vor, wohl aber hat er offen die Scheidung untersagt. Meiner Meinung nach würde man auf die menschlichen Verhältnisse und Sitten bestens Bedacht nehmen, [404] wenn man auch den Priestern und Mönchen unter gewissen Umständen das Recht der Ehe zubilligte. Aber die Jungfräulichkeit ist doch eine himmlische Sache, sie ist eine Sache der Engel, die Ehe aber Sache der Menschen. Ich spreche hier von Mann zu Mann. Jungfräulichkeit ist eine lobenswerte Sache, freilich nur, wenn man dieses Lob nicht auf möglichst viele ausdehnt. Wenn nämlich die Menschheit beginnt, sich die Jungfräulichkeit allgemein zu eigen zu machen, was könnte man dann Verderblicheres nennen oder sich auch nur vorstellen als sie? Wenn nun die Jungfräulichkeit bei den anderen höchstes Lob verdient, so muss man sie bei dir sicherlich tadeln, wo es doch an dir liegen wird, dass jene vortreffliche und der Unsterblichkeit besonders würdige Familie nicht ausgelöscht wird. Schließlich kommt noch der dem Lob der Jungfräulichkeit am nächsten, der das Recht der Ehe unversehrt bewahrt und seine Frau nicht für seine Begierde hat, sondern um mit ihr Kinder zu zeugen. Wenn ein Mann den Samen seines kinderlos verstorbenen Bruders neu erwecken soll, wirst du die Hoffnung deiner ganzen Familie zunichtewerden lassen, zumal du doch der einzige bist, auf dem sie ruht? Es ist mir durchaus bewusst,

vero me clam est, magnis voluminibus priscorum patrum decantatas virginitatis laudes, quorum Hieronymus adeo miratur eam, ut non multum absit a contumelia matrimonii et ab episcopis orthodoxis ad palinodiam invitaretur. Verum donetur hic ardor illis temporibus, nunc optarim ut isti qui passim sine delectu ad caelibatum ac virginitatem adhortantur aetatem, quae sibi nondum est nota, hoc operae collocarent in describenda imagine casti purique matrimonii. Atqui his ipsis quibus tantopere placet virginitas, non displicet bellum adversus Turcarum gentem, qui numero tot partibus nos superant, quorum si rectum est iudicium, consequetur ut in primis rectum et honestum habeatur, pro virili liberis gignendis operam dare et iuventutem in [406] belli usum sufficere. Nisi forte bombardas, tela, naves, ad hoc bellum apparandas putant, viris opus esse non putant. Iidem probant ut ethnicorum parentes ferro trucidemus, quo liceat filios etiam inscientes baptizare. Id si verum est, quanto mitius est idem efficere coniugiorum officio. Quare si quid honestum, si pietas, si religio, si officium, si virtus te movet, cur ab eo abhorres quod Deus instituit, natura sanxit, ratio suadet, divinae pariter et humanae literae laudant, leges iubent, omnium gentium consensus approbat, ad quod optimi cuiusque exemplum adhortatur?

dass in den umfangreichen Schriften der alten Kirchenväter das Lob der Jungfräulichkeit gesungen wurde; unter ihnen bewundert Hieronymus sie so sehr, dass er die Ehe beinahe verunglimpft und von den rechtgläubigen Bischöfen aufgefordert wird, das zu widerrufen. Mag doch dieser glühende Eifer auf das Konto jener Zeiten gehen, heute möchte ich mir wünschen, dass diejenigen, die überall, ohne jede Auswahl zu treffen, die Jugend, die sich über sich noch nicht im klaren ist, zur Ehelosigkeit und Jungfernschaft auffordern, dieselbe Mühe dafür aufwendeten, das Bild einer keuschen und reinen Ehe zu zeichnen. Eben denen, die an der Jungfräulichkeit so großen Gefallen finden, missfällt der Krieg gegen die Türken nicht, die uns mit ihrer Geburtenzahl bei weitem übertreffen; wenn ihre Meinung richtig ist, dann folgt daraus, dass es als besonders richtig und ehrenvoll gilt, sich beim Zeugen von Kindern anzustrengen, und zwar zugunsten des männlichen Geschlechts, und so für Nachschub an jungen Männern [406] für den Krieg zu sorgen. Es sei denn, sie glauben, Kanonen, Waffen und Schiffe für diesen Krieg bereitstellen zu müssen, aber keine Männer zu brauchen. Sie heißen es auch gut, die Eltern von Heiden mit dem Schwert niederzumetzeln, um ihre noch unmündigen Kinder taufen zu können. Wenn das richtig ist, um wie viel menschlicher ist es, dasselbe durch die Institution der Ehe zu erreichen. Wenn dich daher so etwas wie Ehrgefühl, Frömmigkeit, Glaube, Pflichteifer und Tugend [zur Ehelosigkeit] bewegen, warum verabscheust du dann das, was Gott eingesetzt, was die Natur geheiligt hat und die Vernunft rät, was die heiligen sowie profanen Schriften loben, was die Gesetze gebieten, alle Völker einhellig gutheißen und wozu das Vorbild gerade der Besten auffordert?

Quod si pleraeque res etiam acerbae viro bono sunt expetendae, non alio nomine quam quod honestae sunt, matrimonium profecto multo maxime expetendum, de quo quis dubitare possit plusne habeat honestatis an voluptatis? Quid enim dulcius quam cum ea vivere cum qua sis non benevolentiae modo, verumetiam corporum mutua quadam communione arctissime copulatus? Si magnam quandam animi delectationem ex reliquorum necessariorum benevolentia capimus, quam dulce imprimis sit habere qui cum animi tui secretos affectus communices, qui cum perinde ut tecum loquaris, cuius fidei te tuto committas, qui tuas fortunas suas esse ducat, quid tu credis habere felicitatis mariti uxorisque coniunctionem, qua nulla possit in rerum natura inveniri, neque maior neque firmior? Cum caeteris enim amicis animorum duntaxat benevolentia coniungimur, cum uxore et summa charitate et corporum permutatione, et sacramenti foedere, et fortunarum omnium societate copulamur. Praeterea in caeteris amiciciis quanta simulatio? quanta perfidia? Saepe ii quos nostri amantissimos existimavimus, sicut hyrundines exacta aestate devolant, ita fortuna reflante deficiunt. Nonnunquam recentior amicus veterem eiicit. Paucos audivimus, quorum fides usque ad vitae finem constiterit, uxoria charitas non perfidia corrumpitur, nulla simulatione obscuratur, nulla rerum mutatione convellitur, denique sola morte,

Wenn ein rechtschaffener Mann sogar viele unerfreuliche Dinge, wenn sie nur als ehrenhaft gelten, angehen muss, so gilt dies insbesondere auch für die Ehe. Ob bei ihr die Ehrenhaftigkeit oder die Lust überwiegt, wer könnte darüber noch zweifeln? Was ist nämlich angenehmer, als mit der zusammenzuleben, mit der man nicht nur in der Gemeinschaft gegenseitiger Zuneigung, sondern auch in einer körperlichen Gemeinschaft aufs innigste verbunden ist? Wenn schon die Zuneigung der übrigen Freunde unser Herz sehr erquickt, wie angenehm muss es erst sein, jemanden zu haben, mit dem du die geheimsten Gefühle deines Herzens teilen, mit dem du genauso reden kannst wie mit dir selbst, dem du dich gefahrlos anvertrauen kannst und der dein Geschick für das seine hält? Welch Glück, glaubst du, ist die Verbindung zwischen Mann und Frau? Ein größeres und beständigeres als dieses kann man auf der ganzen Welt nicht finden. Denn mit den anderen Freunden verbindet uns nur die Zuneigung der Herzen, mit der Gattin aber auch die innigste Liebe, die körperliche Vereinigung, der Bund des Sakramentes und die Gemeinschaft aller Güter. Wie viel Heuchelei gibt es ferner bei den anderen freundschaftlichen Beziehungen? Wie viel Treulosigkeit? Die wir für unsere besten Freunde hielten, fliegen oft fort wie die Schwalben, wenn der Sommer vorbei ist, und machen sich aus dem Staube, wenn uns das Unglück entgegenweht. Nicht selten verdrängt ein neuer Freund den alten. Wir wissen nur von wenigen, deren Treue bis zum Tode andauerte; die Liebe der Gattin aber wird nicht durch Treulosigkeit zerstört, durch keine Heuchelei verdunkelt, durch keinen Wechsel der Dinge erschüttert, einzig und allein zuletzt durch den Tod wird sie

imo ne morte quidem distrahitur. Illa parentum, illa sororum, illa fratrum pietatem, tui amore contemnit, te unum respicit, ex te pendet, tecum emori cupit. Res est? habes quae tueatur, habes quae augeat. Non est? habes quae quaerat. Si res secundae sint, duplicatur felicitas; sin adversae, erit quae te consoletur, quae assideat, quae inserviat, quae tuum malum suum esse cupiat. An tu voluptatem ullam cum hac tanta coniunctione conferendam censes? Si domi agis, adest quae solitudinis taedium depellat; si foris, est quae discedentem osculo prosequatur, absentem desyderet, redeuntem laeta excipiat. Dulcis iuventae tuae sodalis, gratum senectutis solacium. Natura homini quidem dulcis est vel quaevis societas, [408] quippe quem ad benevolentiam atque amicitiam genuit. Haec igitur quomodo non erit dulcissima, in qua nihil non commune est? Contra autem, si feras quoque solitudinem horrere, societate delectari videmus, mea sententia, ne homo quidem sit existimandus, qui ab hac societate omnium et honestissima et iucundissima abhorreat. Quid enim eo homine odiosius, qui tanquam sibi uni natus, sibi vivat, sibi quaerat, sibi parcat, sibi sumptum faciat, neminem amet, ametur a nemine? An non istiusmodi portentum dignum censebitur, quod

aufgehoben, ja nicht einmal durch ihn. Aus Liebe zu dir vernachlässigt sie ihre Liebe zu den Eltern, zu den Schwestern und Brüdern, sie hat nur Augen für dich, hängt an dir und möchte mit dir gemeinsam sterben. Hast du Vermögen? Dann hast du eine, die ein Auge darauf hat und es vermehrt. Hast du keines? Dann hast du eine, die es für dich erwirbt. Wenn du im Glück lebst, verdoppelt sich das Glück, wenn aber im Unglück, wirst du eine haben, die dich tröstet, dir zur Seite steht, dir ergeben ist und wünscht, dass dein Unglück das ihre sei. Glaubst du, dass irgendein Vergnügen mit einer solchen Verbindung zu vergleichen ist? Wenn du zu Hause bist, ist eine da, die dir die verdrießliche Einsamkeit vertreibt; wenn du auswärts weilst, eine, die dich mit einem Kuss verabschiedet, sich nach dir in der Ferne sehnt und dich bei der Rückkehr freudig begrüßt. Sie ist eine süße Gefährtin in deiner Jugend und ein willkommener Trost im Alter. Für den Menschen ist freilich jede Gesellschaft angenehm, [408] hat ihn doch die Natur zur Zuneigung und Freundschaft geschaffen. Wie aber sollte diese Gesellschaft nicht die angenehmste sein, in der alles gemeinsam ist? Andererseits aber, wenn wir sehen, wie selbst die wilden Tiere die Einsamkeit scheuen und sich an Gesellschaft erfreuen, dann kann meiner Meinung nach derjenige nicht als Mensch gelten, der diese ehrbarste und erfreulichste Gesellschaft von allen verabscheut. Was ist nämlich verhasster als ein solcher Mensch, der gleichsam für sich alleine geboren wurde, nur für sich lebt, nur für sich nach Gewinn strebt, nur für sich spart, nur für sich Aufwand treibt, niemanden liebt und von niemandem geliebt wird? Wird ein derartiges Ungeheuer nicht für wert erachtet werden, gemeinsam mit je-

cum Timone illo ex universo hominum contubernio in medium mare proiiciatur? Neque hic ausim illas tibi voluptates proponere, quibus cum natura nihil voluerit esse homini dulcius, nescio tamen quo pacto a magnis ingeniis dissimulantur potius quam contemnuntur. Quanquam quis adeo severo, ne dicam stupido, sit natus ingenio, qui eiusmodi voluptatum genere non capiatur, praesertim si citra numinis, aut hominis offensam, citra famae detrimentum possit contingere? Equidem eum non hominem, sed plane saxum dixerim, etiam si minima bonorum quae habet coniugium pars est ea corporum voluptas. Sed fac te istam ut viro indignam contemnere, quanquam ne viri quidem vocabulum sine his meremur; ponantur, si vis, inter extrema coniugii commoda: iam quid casto amore esse potest amabilius, imo quid sanctius atque honestius? Accrescit interim dulcis affinium turba, duplicatur parentum, fratrum, sororum, nepotum numerus.

Natura enim unam duntaxat matrem, unum patrem tribuere potest. Coniugio pater alter, altera mater accedit, qui te, ut cui sua viscera commiserint, singulari pietate non prosequi non possunt. Iam vero quanti illud aestimabis, ubi pulcherrima coniunx pulchra faciet te prole parentem? Ubi quis tibi parvulus aula luserit Aeneas, qui tuos, tu-

nem Timon aus der ganzen menschlichen Gesellschaft fort mitten ins Meer geworfen zu werden? An dieser Stelle möchte ich nicht wagen, dir jene sinnlichen Vergnügen vor Augen zu führen, die, obwohl die Natur nichts Schöneres für den Menschen schaffen wollte, dennoch aus mir unerfindlichen Gründen von großen Geistern eher verschwiegen als verachtet werden. Dennoch, wer ist schon von Geburt an so streng, um nicht zu sagen stumpf veranlagt, dass er von dieser Art von Vergnügen nicht ergriffen würde, zumal es bei Gott und bei den Menschen nichts Anstößiges ist und ohne Schädigung des guten Rufes genossen werden kann? So jemanden würde ich nicht Mensch, sondern schlicht und einfach einen Stein nennen, auch wenn die körperliche Lust nur den geringsten Teil der Vorzüge ausmacht, die eine Ehe mit sich bringt. Aber schätze sie gering als etwas, das eines Mannes unwürdig ist; gleichwohl verdienen wir ohne sie nicht einmal die Bezeichnung »Mann«. Man könnte sie, wenn du so willst, zu den geringsten Vorzügen der Ehe rechnen. Was könnte schon sympathischer sein als eine keusche Liebe, ja, was heiliger und ehrenvoller? Mittlerweile wächst die traute Schar der Verwandten. Die Zahl der Eltern, Brüder, Schwestern und Neffen verdoppelt sich.

Denn die Natur kann uns nur *eine* Mutter und *einen* Vater schenken. Durch die Ehe kommen ein zweiter Vater und eine zweite Mutter hinzu, die gar nicht anders können, als dich, dem sie ja ihr Fleisch und Blut anvertraut haben, mit beispielloser Zärtlichkeit zu lieben. Wie sehr aber wirst du es erst schätzen, wenn dich die schönste Gattin zum Vater einer schönen Nachkommenschaft macht? Wenn in deinem Hof ein kleiner Aeneas spielt, der dir und deiner

aeque coniugis vultus referat, qui te blanda balbutie patrem appellitet? Iam accesserit coniugali charitati vinculum adamantinum, quod ne mors quidem ipsa queat abrumpere.

Felices, inquit Flaccus noster, *ter et amplius, Quos irrupta tenet copula, nec malis Divulsos queremoniis, Suprema citius solvet amor die.*

Habes qui senectutem tuam oblectent, qui oculos claudant, qui iusta persolvant, in quibus renatus videaris, quibus superstitibus tu ne occidisse quidem puteris. Non abeunt ad alienos haeredes, quae tibi parasti. Ita tanquam omnibus perfuncto, ne mors quidem ipsa acerba videri poterit. Omnibus, velimus nolimus, senectus imminet. Hac ratione natura prospexit ut in liberis ac nepotibus repubescamus. Quis enim graviter ferat senectutem, ubi suos vultus, quos [410] adolescens gessit, in filio conspexerit? Mors omnibus parata est, at hac una via velut immortalitatem quandam meditatur naturae providentia, dum sic aliud ex alio propagat, ut veluti cum planta arbore excisa repullulat, nec interisse videatur, qui prole relicta moritur.

At minime me fugit quid inter haec obmurmures. Beata res est coniugium, si omnia secunda eveniant, sed quid si morosa contingat uxor? quid si impudica? quid si liberi

Gattin wie aus dem Gesicht geschnitten ist und der mit freundlichem Gestammel immer Vater zu dir sagt? Dann wird auch zur ehelichen Liebe noch ein unzerreißbares Band hinzugekommen sein, das nicht einmal der Tod zu sprengen vermag.

Dreimal glücklich und mehr, sagt unser Flaccus, *die das untrennbare Band zusammenhält und die, von üblen Klagen nicht zerrissen, die Liebe nicht früher trennt als am letzten Tag.*

Jetzt hast du Menschen, die dir das Alter angenehm machen, die deine Augen schließen und dir die letzte Ehre erweisen; in ihnen scheinst du wiedergeboren zu sein, und solange sie leben, wird man dich gar nicht für gestorben halten. Was du dir erworben hast, fällt nicht fremden Erben zu. Und wenn du dann gleichsam alles überstanden hast, kann wohl nicht einmal der Tod bitter scheinen. Uns allen droht, ob wir es nun wollen oder nicht, das Alter. In dieser Hinsicht hat es die Natur weise eingerichtet, dass wir in unseren Kindern und Enkeln wieder jung werden. Denn wer hadert schon mit dem Alter, wenn er die Züge, die [410] er als Jüngling hatte, an seinem Sohn wiederfindet? Der Tod ist allen gewiss, aber nur auf diesem Weg ersinnt die Natur in ihrer weisen Voraussicht so etwas wie Unsterblichkeit; wenn sie so das eine aus dem anderen hervorgehen lässt, wie aus dem gefällten Baum wieder ein neuer Trieb hervorsprießt, so scheint auch der nicht gestorben zu sein, der bei seinem Tod Nachkommen zurücklässt.

Aber es entgeht mir keineswegs, was du dabei so brummelst. Die Ehe ist eine glückliche Sache, wenn alles gut läuft. Was aber, wenn man eine mürrische Frau erwischt hat? Was, wenn eine schamlose? Was, wenn die Kinder

impii proveniant? Occurrent animo tuo exempla eorum quibus coniugium exitium attulerit. Exaggera quantum potes, sed tamen hominum ista vicia fuerint, non coniugii. Crede mihi, non solet nisi malis maritis mala uxor contingere. Adde quod tibi in manu est, ut bonam eligas. Quid si corrumpatur? A malo quidem marito uxor bona corrumpi potest; a bono mala corrigi consuevit. Falso uxores accusamus. Nemo, si quid mihi credis, unquam nisi suo vicio improbam uxorem habuit. Iam ex bonis parentibus, ferme similes nascuntur liberi, quanquam et hi utcunque nati, fere tales evadunt quales illos finxeris institutione. Iam vero non est quod zelotypiam metuas. Iste stulte amantium morbus est, castus ac legitimus amor zelotypiam nescit. Quid tibi tragoediae in mentem veniunt? Haec maritum adultera securi percussit, haec veneno sustulit, illa morum odio ad mortem adegit. Cur non potius Tiberii Gracchi Cornelia succurrit? Cur non Alcestis non optimi mariti coniunx optima? Cur non occurrit vel Iulia Pompeii, vel Catonis Portia? Cur non aeterno nomine digna Arthemisia? Cur non Hypsicratea Mithridatis Pontici regis uxor? Cur non Terciae Aemiliae comitas in mentem venit? Cur non Turiae fides? Cur non Lucretia, Lentulaque succurrit? Cur

übel geraten? Es werden dir Beispiele von Menschen in den Sinn kommen, denen die Ehe Verderben brachte. Zähle sie nur auf, soviel du kannst, aber immer waren doch wohl die Menschen schuld daran und nicht die Ehe. Glaube mir, gewöhnlich bekommen nur schlechte Männer eine schlechte Frau. Noch dazu liegt es ja an dir, eine gute Frau zu wählen. Was, wenn sie verdorben wird? Gewiss, von einem schlechten Gatten kann auch eine gute Frau verdorben werden; durch einen guten wird gewöhnlich auch die schlechte Frau besser. Zu Unrecht beschuldigen wir die Frauen. Niemand, glaube mir, hatte je eine schlechte Gattin, es sei denn durch seine eigene Schuld. Ferner stammen von guten Eltern fast immer nur gute Kinder ab, wiewohl auch diese ungeachtet den Umständen ihrer Geburt schier immer sich so entwickeln, wie man sie erzogen hat. Es gibt wirklich keinen Grund, sich vor Eifersucht zu fürchten. Diese ist nur eine Krankheit törichter Verliebter; eine keusche und rechtmäßige Liebe kennt keine Eifersucht. Warum kommen dir jetzt die Tragödien in den Sinn? Die eine Ehebrecherin erschlug ihren Gatten mit dem Beil, die andere beseitigte ihn durch Gift, eine dritte wiederum trieb ihn mit ihrem gehässigen Charakter in den Tod. Warum kommt dir nicht eher Cornelia, die Tochter des Tiberius Gracchus, in den Sinn? Warum nicht Alkestis, die großartige Gattin eines keineswegs großartigen Mannes? Warum kommt dir nicht Julia, die Gattin des Pompeius, in den Sinn oder Portia, die Gattin des Cato? Warum nicht Artemisia, die immerwährenden Ruhm verdient? Warum nicht Hypsicratea, die Gemahlin des Königs Mithridates von Pontus? Warum fällt dir nicht die Güte der Tercia Aemilia ein? Warum nicht die Treue der Turia? Warum entsinnst du dich nicht

non Arria illa a Plinio celebrata? Cur non innumerae aliae, quarum et pudicitia et fides in maritos ne morte quidem [412] potuit immutari? Rara, inquis, avis in terris, mulier proba. Et tu rara uxore dignum te finge. *Mulier*, inquit sapiens ille, *bona, pars bona.* Aude tuis moribus dignam sperare. Plurimum in hoc situm est quam deligas, quomodo fingas, qualem ipse te illi praebeas. Sed dulcior est, inquies, libertas. Quisquis uxorem accipit, compedes accipit, quas sola mors possit excutere. Quid autem dulce esse homini soli possit? Si dulcis est libertas, sociam asciscendam censeo, qua cum bonum istud tibi commune esse velis, quanquam quid ista servitute liberius, ubi ita uterque alteri obnoxius est, ut neuter manumitti velit? Astrictus es ei, quem in amicitiam recipis. At hic nemo libertatem ademptam clamitat. At vereris ne liberis morte absumptis, orbus in luctum incidas. Si orbitatem times, ob id ipsum ducenda uxor est, quae sola hoc praestare potest, ne simus orbi. Sed quid tu tam diligenter, imo anxie, omnia matrimonii incommoda disquiris, quasi caelibatus nihil habeat incommodi? Quasi vero ulla sit vita mortalium, quae non sit omnibus fortunae subiecta casibus. E vita migret oportet,

der Lucretia und der Lentula? Warum nicht jener von Plinius gepriesenen Arria? Warum nicht der unzähligen anderen, deren Sittsamkeit und Treue gegenüber ihren Gatten nicht einmal durch den Tod [412] einen Wandel erfahren konnte? Du sagst, eine rechtschaffene Gattin ist ein seltener Vogel auf Erden. Mach auch du dich würdig einer so seltenen Gattin. *Eine gute Frau*, sagt der bekannte Weise, *ist ein guter Teil.* Bring es nur übers Herz, auf eine zu warten, die deiner Wesensart würdig ist. Bei deiner Wahl kommt es vor allem darauf an, wie du dich gibst und wie du dich selbst ihr präsentierst. Aber angenehmer ist doch, wirst du sagen, die Freiheit. Wer immer eine Frau bekommt, bekommt auch Fesseln, die nur der Tod abschütteln kann. Welche Annehmlichkeiten aber könnte es schon für einen alleinstehenden Mann geben? Wenn die Freiheit etwas Angenehmes ist, dann musst du dir, glaube ich, auch eine Gefährtin nehmen, mit der du dieses Glück teilen willst. Indes, was ist freier als eine solche Knechtschaft, in der jeder dem anderen so untertan ist, dass keiner in die Freiheit entlassen werden will? Du bist an den gebunden, mit dem du Freundschaft schließt. Dabei beklagt aber niemand, dass ihm die Freiheit genommen sei. Du fürchtest, du könntest, wenn dir der Tod die Kinder genommen hat, kinderlos in Trauer verfallen. Wenn du die Kinderlosigkeit fürchtest, dann musst du gerade deswegen heiraten, denn nur eine Gattin kann uns garantieren, dass wir nicht kinderlos sind. Aber warum nimmst du so gründlich, ja geradezu ängstlich alle Nachteile der Ehe unter die Lupe, als ob die Ehelosigkeit überhaupt keine Nachteile hätte? Als ob es überhaupt ein menschliches Leben gäbe, das nicht allen Schicksalsschlägen unterworfen ist. Wer keinerlei Nach-

qui nihil incommodi ferre velit. Quod si ad caelestem illam vitam respicias, mors haec hominum vita est, haud vita dicenda. Sin intra humanam conditionem animum contineas, nihil est coniugali vita neque tutius neque tranquillius neque iucundius neque amabilius neque felicius.

Sed quid nos de honesto ac iucundo disputamus, cum non utilitas modo suadeat, verumetiam necessitas ad coniugium impellat? Tolle matrimonium, perpaucis annis universum hominum genus funditus intereat necesse est. Xerxen illum Persarum regem, cum ex aedito loco ingentem illam hominum multitudinem intueretur, lachrymas non tenuisse dicunt, quod ex tot hominum milibus, post annos sexaginta, nullus omnino superfuturus esset. Cur quod ille de suis copiis intellexit, non etiam de universo hominum genere perspicimus? Sublato coniugio, quotusquisque ex tot regionibus, provinciis, regnis, urbibus, cetibus post centum annos supererit? Eamus nunc, et caelibatum miremur, qui aeternam sit generi nostro cladem allaturus. Quae pestis aut lues a superis aut inferis immitti possit nocentior? Quid ab ullo diluvio timeri possit acerbius? Quid tristius expectetur, etiamsi Phaethonteum redeat incendium? At ex huiusmodi quidem tempestatibus multa relinqui solent incolumia, ex caelibatu nihil reliqui fieri potest. Videmus

teile hinzunehmen bereit ist, sollte lieber aus dem Leben scheiden. Im Hinblick auf jenes himmlische Leben aber ist das Leben der Menschen hier auf Erden der Tod und kann gar nicht Leben genannt werden. Wenn du deine Überlegungen aber auf die irdischen Verhältnisse beschränkst, so gibt es keine größere Geborgenheit, keinen größeren Frieden, nichts Angenehmeres, Liebenswerteres und Glücklicheres als das Eheleben.

Aber was reden wir vom Ehrenhaften und Angenehmen, wo doch nicht nur die Vorteile uns zur Ehe raten, sondern die Notwendigkeit uns dazu treibt? Beseitige die Ehe, und in wenigen Jahren geht das gesamte Menschengeschlecht notwendigerweise restlos unter. Der berühmte Perserkönig Xerxes soll, als er von einer Anhöhe aus die gewaltigen Menschenmassen betrachtete, in Tränen ausgebrochen sein, weil von diesen so vielen tausend Menschen in 60 Jahren kein einziger mehr am Leben sein würde. Warum übertragen wir das nicht auf das ganze Menschengeschlecht, was jener bei seinen Truppen erkannte? Ist die Ehe einmal beseitigt, wie viele Überlebende wird es dann in 100 Jahren in all den Bezirken, Provinzen, Reichen, Städten und Völkern noch geben? Fahren wir also fort und zeigen wir weiter unsere Bewunderung für die Ehelosigkeit, die ein ewiges Unglück über unser Geschlecht bringen wird! Welche Seuche, welche Pest könnte von den Göttern der Ober- oder Unterwelt geschickt werden, die noch unheilvoller wäre? Was könnte man von irgendeiner Sintflut Schlimmeres befürchten? Was Unheilvolleres erwarten, selbst wenn der Weltenbrand des Phaeton sich wiederholte? Und doch bleibt bei derartigen Katastrophen gewöhnlich vieles unversehrt, bei Ehelosigkeit aber kann nichts

quantum morborum agmen, quot casuum discrimina, noctes diesque hominum paucitati insidientur, quot pestis absumit, quot absorbet mare, quot Mavors abripit. Taceo enim de quotidianis mortibus. Circumvolat undique mors: ruit, rapit, properat quantum potest genus nostrum [414] extinguere, et nos celibatum miramur, coniugium fugimus? Nisi forte placet Essenorum institutum, aut Dulopolitarum, quorum gentem facinorosorum nunquam deficiens numerositas propagat. Num expectamus ut Iuppiter aliquis nos eodem munere donet quod apibus tribuisse dicitur, ut sine concubitu fetificemus, et posteritatis semina a flosculis ore legamus? An vero postulamus, ut sicut e Iovis cerebro Minervam prognatam poetae fabulantur, ita nobis e capite liberi exiliant? An denique ut iuxta veterum fabulas, e terra, e saxis proiectis, e duris arborum truncis homines producantur? E terrae gremio permulta sine nostro cultu enascuntur. Plantulae sub umbra matris saepe pullulascunt, at homini hanc unam propagandi viam natura esse voluit, ut mutua mariti uxorisque opera mortalium genus ab interitu vindicaretur, quod si fugiant tuo exemplo mortales, ne ista quidem, quae tu miraris, esse poterunt. Caelibatum miraris, suspicis virginitatem? At nec caelibes erunt nec virgines, si coniugii usum sustuleris. Cur igitur praelata

überleben. Wir sehen, welch Schwarm von Krankheiten, wie viele gefährliche Schicksalsschläge Tag und Nacht einer geringen Zahl von Menschen drohen, wie viele die Pest hinwegrafft, wie viele das Meer verschlingt und der Krieg vernichtet, ganz zu schweigen von den täglichen Todesfällen. Ringsum sind wir vom Tod umgeben: Er stürmt einher, rafft dahin und beeilt sich, unser Geschlecht, so viel er nur kann, [414] auszurotten, und wir bewundern die Ehelosigkeit und verwerfen die Ehe? Es sei denn, wir finden an der Einrichtung der Essener und der Dulopolitaner Gefallen, deren große Zahl niemals abnimmt und ein Volk von Verbrechern fortpflanzt. Erwarten wir etwa, dass irgendein Jupiter uns dieselbe Gefälligkeit erweist wie angeblich den Bienen, so dass wir auch ohne Beischlaf fruchtbar werden und die Samen der Nachkommen mit dem Mund von den Blüten sammeln? Oder wollen wir, dass die Kinder unserem Kopf entspringen, so wie Minerva aus dem Haupt des Jupiter, wie die Fabeldichter berichten? Oder gar, dass gemäß den alten Sagen Menschen aus der Erde, aus hingeworfenen Steinen oder aus harten Baumstämmen herauswachsen? Aus dem Schoß der Erde wächst sehr vieles ohne unser Zutun. Schösslinge sprossen oft im Schatten ihrer Mutterpflanze empor; beim Menschen aber wollte die Natur nur diesen einen Weg der Fortpflanzung, nämlich dass durch das gemeinsame Bemühen des Gatten und der Gattin das Menschengeschlecht vor dem Untergang bewahrt wird; wenn die Menschen das nach deinem Vorbild meiden, wird es nicht einmal das geben können, was du bewunderst. Du bewunderst die Ehelosigkeit und verehrst den Jungfernstand? Aber es wird weder unverheiratete Männer noch Jungfrauen geben, wenn du die Ausübung der Ehe besei-

est virginitas? cur honorata, si exitium adfert mortalibus? Laudata est, sed pro tempore, sed in paucis. Voluit enim Deus hominibus caelestis illius vitae tanquam imaginem quandam et simulachrum ostendi, ubi neque nubent ullae neque nuptum dabunt ulli. Sed ad exemplum paucitas idonea est, multitudo inutilis. Ut enim non omnes agri, quanquam feraces, ad usum vitae seruntur, sed pars negligitur, pars oculis pascendis colitur. At patitur hoc ipsa rerum copia, in tanta arvorum amplitudine, exiguam partem sterilem relinqui. Verum si nulli serantur, quis non videat nobis ad glandes fore redeundum? Ita caelibatus in tanta hominum multitudine, in paucis quidem laudem habet, in omnibus summam reprehensionem habiturus. Iam si maxime in aliis sit virtutis nomen habitura virginitas, in te certe viciosa fuerit. Caeteri enim puritati studuisse videbuntur, tu generis parricida iudicaberis, quod cum honesto coniugio propagare potueris, turpi caelibatu passus sis interire. Liceat e numerosa sobole virginem Deo consecrare. Rustici frugum primitias superis immolant, non universum proventum, at te unum stirpis tuae reliquias esse memineris oportet. Nihil autem refert utrum occidas an

tigst. Welchen Vorzug verdient also die Jungfernschaft? Warum steht sie so hoch im Kurs, wenn sie der Menschheit den Garaus macht? Sie wurde gelobt, aber nur unter bestimmten Umständen und nur bei wenigen. Denn Gott wollte den Menschen gleichsam ein genaues Ebenbild jenes Lebens im Himmel zeigen, wo sich die Frauen weder verheiraten, noch verheiratet werden. Aber als Beispiel genügt schon eine geringe Zahl, die breite Masse ist dafür untauglich. So werden auch nicht alle Äcker, auch wenn sie fruchtbar sind, für die Bedürfnisse des Lebens bepflanzt, sondern ein Teil bleibt brachliegen, ein anderer wieder dient der Augenweide. Der Überfluss an Produkten aber gestattet es, dass bei einer derartigen Größe des Ackerlandes ein kleiner Teil davon ohne Fruchtertrag bleibt. Wenn aber überhaupt nichts bepflanzt wird, müssten wir dann nicht offensichtlich auf Eicheln zurückgreifen? So ist es auch mit der Ehelosigkeit bei einer so großen Menge von Menschen; bei einigen wenigen ist sie freilich lobenswert, bei allen aber wird sie höchst tadelnswert sein. Wenn Jungfräulichkeit bei anderen im besten Ruf der Tugend stehen wird, so ist sie bei dir sicher fehl am Platz. Denn die anderen wird man als Verfechter der Reinheit betrachten, dich aber als Mörder deiner Familie, weil du es zugelassen hast, dass sie durch deine schmähliche Ehelosigkeit ausgelöscht wird, obwohl du sie mit einer ehrenvollen Ehe hättest fortführen können. Meinetwegen mag man aus einer großen Kinderschar eine Jungfrau Gott weihen: Die Bauern opfern ja auch die Erstlingsfrüchte den Göttern und nicht die gesamte Ernte; du aber solltest dich daran erinnern, dass du der einzige Überlebende deiner Sippe bist. Es macht keinen Unterschied, ob du sie umbringst oder dich weigerst, sie zu ret-

servare recuses, qui a te uno servari et poterat, et facile poterat. At sororis exemplum te ad caelibatum adhortatur. At ista vel una re potissimum debebas a caelibatu deterreri. Generis enim spem, quae prius utrisque erat communis, nunc totam ad te unum revolutam intelligis. Detur haec venia sexui, detur aetati, puella dolore victa peccavit, stultarum muliercularum aut stultorum monachorum impulsu sese praecipitem dedit. Tu maior natu, virum te esse memineris necesse est. Illa maioribus suis commori voluit, tu ne moriantur operam dabis. Soror subduxit sese officio, tu duorum tibi partes obeundas esse [416] cogita. Non dubitarunt filiae Loth cum patre temulento rem habere, satius esse iudicantes nefario etiam incestu generi consulere quam pati interire. Tu matrimonio honesto, sancto, pudico, sine offensa, summa cum voluptate, non consules tuo generi alioquin intermorituro?

Quare sinamus eos Hippolyti institutum imitari, sectentur caelibatum, vel qui mariti fieri possunt, patres non possunt, vel quorum tenuitas liberis educandis non suppeditat, vel quorum genus aliorum opera possit propagari; aut certe eiusmodi est, ut magis Reipublicae conducat intermori quam propagari. Tu vero cum teste medico viro

ten, sie, die einzig und allein von dir gerettet werden könnte, und das noch dazu leicht. Allein, das Vorbild deiner Schwester ermuntert dich zur Ehelosigkeit. Jedoch gerade dieser Umstand sollte dich besonders von der Ehelosigkeit abhalten. Denn die Hoffnung deiner Familie, die früher auf euch beiden ruhte, ist nun, wie du siehst, ganz auf dich allein zurückgefallen. Ihr mag man die Ehelosigkeit aufgrund ihres Geschlechts und Alters verzeihen; in ihrem Schmerz [über den Tod der Eltern] hat das Mädchen einen Fehler begangen und sich auf Betreiben dummer Weibsbilder oder ebensolcher Mönche ins Unglück gestürzt. Du, der du ja älter bist, solltest daran denken, dass du ein Mann bist. Sie wollte zusammen mit ihren Eltern sterben, du aber sollst dich dafür einsetzen, dass diese nicht sterben. Die Schwester entzog sich ihrer Pflicht, du aber denke daran, dass du nun die Rolle zweier auf dich nehmen musst. [416] Loths Töchter zögerten nicht, mit ihrem trunkenen Vater diese Aufgabe zu erfüllen, weil sie es für richtiger hielten, sogar mit frevelhaftem Inzest für ihr Geschlecht zu sorgen, als dessen Untergang zu dulden. Du aber willst nicht durch eine ehrenvolle, fromme und sittsame Ehe, ohne Anstoß, mit höchster Lust für den Fortbestand deines Geschlechts sorgen, das andernfalls aussterben wird?

Lassen wir daher diejenigen die Lebensweise des Hippolytus nachahmen, und sollen diese der Ehelosigkeit nacheifern, die Gatten werden können, aber nicht Väter, deren bescheidene Mittel nicht ausreichen, um Kinder großzuziehen, oder deren Familie nur mit Hilfe anderer fortgepflanzt werden kann oder doch so beschaffen ist, dass es für den Staat besser ist, wenn sie zugrunde geht, als wenn sie sich fortpflanzt. Du aber versprichst nach dem fundier-

neque imperito, et minime mendaci, magnam posteritatem promittere videaris; patrimonium habeas amplissimum, genus autem tum optimum, tum clarrissimum, ita ut obliterari sine nephario scelere, magnoque Reipublicae detrimento non possit; tum adsit aetas integra, nec desit forma; offeratur vero coniunx puella, qua neque integriorem neque illustriorem ullam viderunt cives tui, pudica, modesta, pia, facie divina, cum dote amplissima; cum rogent amici, lachrymentur propinqui, instent affines, patria flagitet, ipsi maiorum tuorum cineres e tumulis idipsum te obtestentur, tu tamen adhuc contaris, adhuc caelibatum cogitas? Si qua res parum honesta abs te peteretur, si qua difficilis tamen vel tuorum vota vel generis charitas animum tuum expugnare debuerat, quanto aequius est id amicorum lachrymas, patriae pietatem, maiorum charitatem abs te obtinere, ad quod te divinae pariter et humanae leges hortantur, natura instigat, ratio ducit, honestas allicit, tot commoda invitant, necessitas etiam ipsa cogit? Sed iam argumentorum plus satis. Confido te iamdudum me monitore sententiam mutasse, animumque ad salubriora consilia appulisse. Bene vale.

ten Zeugnis eines nicht unerfahrenen Arztes offensichtlich zahlreiche Nachkommen; du könntest ein überaus großes Vermögen haben und eine sowohl sehr vornehme als auch berühmte Familie, die ohne ruchloses Verbrechen und ohne große Schädigung des Staates in die Geschichte eingehen könnte; ferner bist du in einem gesunden Alter, und auch an Schönheit mangelt es wohl nicht; es würde sich dir auch ein junges Weib als Gemahlin anbieten, wie es deine Mitbürger sittenreiner und vornehmer nie gesehen haben, ehrbar, bescheiden und fromm, von unvergleichlicher Gestalt und mit einer ansehnlichen Mitgift; obwohl deine Freunde dich bitten, die Verwandten dich unter Tränen anflehen, deine Vertrauten dich bedrängen, das Vaterland dich dringend mahnt und sogar die Asche deiner Vorfahren aus den Gräbern heraus dich dahingehend beschwört, zauderst du immer noch und denkst immer noch an Ehelosigkeit? Würde man von dir eine weniger ehrenvolle, dafür aber gefährliche Sache verlangen, so sollten die Wünsche der Deinen und die Liebe zu deiner Familie dein Herz bezwingen; um wie viel billiger ist es dann, dass die Tränen der Freunde, die Vaterlandsliebe und die Liebe zu deinen Vorfahren das von dir erreichen, wozu dich die göttlichen gleichwie menschlichen Gesetze auffordern, die Natur treibt, die Vernunft bewegt, die Ehrenhaftigkeit verlockt, wozu dich so viele Vorteile ermuntern und sogar die Notwendigkeit selbst zwingt? Aber das sind schon mehr als genug Argumente. Ich bin der festen Überzeugung, dass du auf meine Mahnungen hin deine Meinung schon längst geändert hast und zu einem heilsameren Entschluss gelangt bist. Lebe wohl.

Zu dieser Ausgabe

Dem lateinischen Text liegt die Ausgabe Jean-Claude Margolins von 1975 zugrunde:

> Opera omnia Des. Erasmi Roterodami recognita et adnotatione critica instructa notisque illustrata. Ordo 1. Tom. 5. Amsterdam/ Oxford: Brill, 1975. S. 385–416.

Die Numerierung in Text und Übersetzung verweist auf die Seiten dieser kanonischen Ausgabe. Geändert wurde lediglich die u/v-Schreibung (den meisten Lesern und Leserinnen wird etwa *ut* und *uxor* einerseits, *Eva* und *convivium* andererseits geläufiger sein als *vt* und *vxor* bzw. *Eua* und *conuiuium*).

Erasmus hat das Ehelob zuerst als Einzelschrift veröffentlicht, hat es aber auch als *exemplum epistulae suasoriae* in seiner umfangreichen Brieflehre *De conscribendis epistulis* herausgegeben; auch die maßgebliche Edition dieses Textes hat Jean-Claude Margolin besorgt (*Opera omnia Des. Erasmi Roterodami*, recognita et adnotatione critica instructa notisque illustrata, Ordo 1, Tom. 2, Amsterdam 1971, S. 400–429); gröbere oder inhaltlich relevante textliche Abweichungen und Zusätze im »Musterbrief« (De conscr. ep.) sind in den Anmerkungen vermerkt bzw. übersetzt. Sowohl der Anmerkungsteil als auch das Nachwort wollen und können keine umfassende Einführung zum gigantischen Gesamtwerk des Erasmus bieten, sondern sollen die Lektüre des Encomions durch Quellen- und Literaturangaben sowie durch Sacherläuterungen begleiten, die Umstände der Entstehung der Schrift, ihrer Verdammung durch Vertreter des Klerus und der Verteidigung durch den Autor erhellen und den Einstieg in eine weitere Beschäftigung mit dem Autor und der Eheliteratur jener Epoche erleichtern.

Meinem Freund und ehemaligen Lehrer Herbert Wurm bin ich für fachkundige Hilfe sehr dankbar.

Verwendete Abkürzungen und Siglen

Schriften des Erasmus

Adag.	Adagia
De conscr. ep.	De conscribendis epistulis
Inst. christ. matrim.	Institutio christiani matrimonii

Allen	Desiderius Erasmus: Opus epistolarum. Denuo recognitum et auctum per P. S. Allen. 12 Bde. Oxford 1906–1958.
ASD	Desiderius Erasmus: Opera omnia. Amsterdam 1969 ff. [Zit. unter Nennung von Ordo und Tomus, also z. B.: ASD I-3.]
CCSL	Corpus Christianorum. Series Latina. Turnhout 1953 ff.
CWE	Collected Works of Erasmus. Toronto 1974 ff.
LB	Desiderius Erasmus: Opera omnia. Ed. J. Clericus [Jean Leclerc]. 10 Bde. Lugduni-Batavorum [Leiden] 1703–1706. Reprogr. Nachdr. in 2 Bdn. Hildesheim 1965.

Antike Autoren

App. civ.	Appianos, *Bella civilia*
Aristot. mot. an.	Aristoteles, *De motu animalium*
pol.	*Politika*
Cic. fin.	Cicero, *De finibus bonorum et malorum*
Dig.	*Corpus iuris civilis, Digesta*
Diog. Laert.	Diogenes Laertios
Gai. inst.	Gaius, *Institutiones*
Gell.	Aulus Gellius, *Noctes Atticae*
Hor. carm.	Horatius, *Carmina*
sat.	*Saturae* (*Sermones*)
Iuv.	Iuvenalis, *Saturae*
Lucr.	Lucretius, *De rerum natura*

Ov. met.	Ovidius, *Metamorphoses*
Plin. epist.	Plinius minor, *Epistulae*
Plin. nat.	Plinius maior, *Naturalis historia*
Stob. ecl.	Stobaios, *Eclogae*
Tac. Agr.	Tacitus, *Agricola*
ann.	*Annales*
Val. Max.	Valerius Maximus, *Facta et dicta memorabilia*
Verg. Aen.	Vergilius, *Aeneis*
georg.	*Georgica*
Xen. mem.	Xenophon, *Memorabilia*
symp.	*Symposium*

Biblische Bücher

Dtn.	Deuteronomion (= Das 5. Buch Mose)
Eph.	Epheserbrief (Ad Ephesios)
Ex.	Exodus (= Das 2. Buch Mose)
Gen.	Genesis (= Das 1. Buch Mose)
Hebr.	Hebräerbrief (Ad Hebraeos)
Joh.	Johannesevangelium
1 Kön.	Das 1. Buch der Könige (Reges)
Mal.	Das Buch Maleachi (Malachias)
Mk.	Markusevangelium
Mt.	Matthäusevanglium
Spr.	Das Buch der Sprichwörter (= Die Sprüche Salomos, Proverbia)

Anmerkungen

Die Zählung, in Text und Übersetzung in eckigen Klammern, bezieht sich auf die Seiten der Amsterdamer Ausgabe (ASD I-5; vgl. S. 59).

385 *liebwertester Freund:* Gemeint ist William Blount Lord Mountjoy, ein Schüler und späterer Förderer des Erasmus; s. Nachwort S. 83.
von Kindesbeinen an: Über den Ausdruck *ab cunabulis* handelt auch Adag. 653; ASD II-2 (1998), S. 179 f.
mit unserem Alter gewachsen ist: Erasmus lernte seinen Schüler Mountjoy 1498 in Paris kennen und verbrachte die Jahre 1499/1500 auf dessen Einladung in England.
Antonius Baldus ... auf engste verbunden ist: s. Nachwort S. 83

386 *Erstlingswunder:* vgl. Joh. 2,1–11.
der Häresie beschuldigt wird: In De conscr. ep. (S. 402, Z. 8 f.) folgt hier noch: *Tam est honorificum matrimonium, quam est infame vocabulum haeretici* (»Die Ehe ist so ehrenvoll, wie die Bezeichnung ›Häretiker‹ verrufen ist«).
Wie wir nachlesen können ...: Gen. 8,17; 9,1 und 7; vgl. auch Gen. 1,22 und 28.

388 *Daher, so sagt er ...:* Eph. 5,31; vgl. Mk. 10,7.
zur Zeit des Christentums: Hier folgt in De conscr. ep. (S. 403, Z. 11–13): *Deseritur pater, deseritur mater, et adhaeretur uxori. Filius emancipatus incipit sui iuris esse. Filius abdicatus desinit esse filius. At sola mors dirimit coniugium, si tamen illa dirimit* (»Der Vater wird verlassen, die Mutter wird verlassen und dem Weibe wird angehangen. Der aus der väterlichen Gewalt entlassene Sohn beginnt sein eigener Herr zu sein. Der entlassene Sohn hört auf, ein Sohn zu sein. Einzig der Tod trennt die Ehe, wenn er sie überhaupt trennt«).
im Paradies: wo Gott ja Eva als Gefährtin für Adam erschaffen hat.
bewundern: In De conscr. ep. (S. 404, Z. 15–405, hier Z. 1) folgt hier: *quae pro modo nostro sunt aemulemur* (»nachahmen sollen wir nur, was unserem Wesen entspricht«).

390 *Groß ist ... der Kirche:* Eph. 5,32.
das Geheimnis: Erasmus übersetzt hier das griechische *mysterion* wie die Vulgata mit *sacramentum* (anstatt *mysterium*), »to favour his argument«, wie Fantazzi (1985, S. 530) treffend bemerkt; vgl. auch Margolin (1975), S. 390, Anm. z. St., und Telle (1954), S. 162 und 257–271.
Die Ehe ist ... wird gepriesen: Hebr. 13,4.
Aber schon das mosaische Gesetz ... unfruchtbare Ehe: vgl. Ex. 23,26; Dtn. 7,14; Mal. 3,11.
Wenn schon die Natur: Gemeint ist die ungewollte Kinderlosigkeit.
Die Gesetze der Juden: vgl. Dtn. 20,7.

390/392 *Wer aber mit Kindern ... staatliche Belohnung:* Zu den Privilegien für Verheiratete und Väter legitimer Kinder und Sanktionen für Ehelose nach der *Lex Julia de maritandis ordinibus* und der *Lex Papia Poppaea* vgl. Gell. 2,15,4–7; s. auch Mette-Dittmann (1991), S. 146.

392 *»Dreikinderrecht«:* Die augusteische Ehegesetzgebung sah eine Ehepflicht für alle Männer vom 25. bis zum 60., für alle Frauen vom 20. bis zum 50. Lebensjahr vor. Auch Verwitwete und Geschiedene in diesem Alter mussten wieder heiraten, es sei denn, sie hatten schon drei Kinder (*ius trium liberorum* – Dreikinderrecht); von Freigelassenen wurden gar vier Kinder verlangt, vgl. Gai. inst. 1,194; 3,44; *Ulpiani epitome* 16,1; *Pauli sententiae* 4,9,1 ff.
Lykurg beantragte Gesetze ... nicht befolgt hätten: vgl. Plutarch, *Lycurgus* 15.
in einem zehnjährigen Krieg: Gemeint ist der Trojanische Krieg.
in den Gesetzen der Juden: vgl. Dtn. 22,22; s. Delling (1959), Sp. 666 f. mit Belegen für den jüdischen und römischen Rechtsbereich.
unter Bestrafung des vierfachen Betrages: d. h., das Strafausmaß betrug das Vierfache des Wertes, den er gestohlen hatte, vgl. Gai. inst. 3,177.189 und Dig. 4,2,14 (*actio quadrupli*) sowie Krause (2004), S. 135 ff.

ohne richterliches Urteil … anheimstellte: Nach der im Zuge der augusteischen Ehegesetzgebung erlassenen *Lex Julia de adulteriis coercendis* besteht unter gewissen Umständen für den Vater und den Ehemann der »Ehebrecherin« ein Tötungsrecht, s. Mette-Dittmann (1991), S. 61 ff.

Denn wenn nach den scharfsinnigen Erörtungen … naturgemäß wie die Ehe: Beileibe nicht alle Stoiker sind dieser Meinung, auch die Stoa ist in der Ehefrage gespalten, vgl. etwa Diog. Laert. 7,121 (= *Stoicorum veterum fragmenta* – SVF I,270) und Stob. ecl. 1,7.11b (= SVF III,611) nebst Cic. fin. 3,68 (= SVF III,616); s. Gaiser (1974), S. 71, und Föllinger (1996), S. 265–281.

394 *nach dem sicheren Zeugnis des Plinius:* Plin. nat. 13,7,31.

eben jener Autor: Plin. nat. 37,24,90–37,31,106.

Hat nicht die Natur: De conscr. ep. (S. 410, Z. 6) hat *Nonne deus ita …*

übt nicht der Himmel … seinen Samen in sie ergießen: zu Vorstellung und Begriff der hier angedeuteten »Heiligen Hochzeit« s. Burkert (2011), S. 169 ff.

der Himmel mit seiner dauernden Bewegung: vgl. auch Lucr. 5,1436.

Jene alten und weisen Dichter … den Krieg bringen: vgl. Ov. met. 1,183 f.

396 *keineswegs bloß fabulöse Geschichten:* D. h., die Geschichten haben einen tieferen (symbolischen, allegorischen) Sinn.

was beabsichtigen da die Dichter: z. B. Verg. georg. 4,454 ff.

Gamelius: der Beiname des Jupiter in seiner Funktion als Hochzeitsgott (*Festus* 63), vgl. auch Inst. matr. Christ. LB V, Sp. 619 B (ASD V-6, 2008, S. 68 und 203).

Pronuba: Ehestifterin.

Lucina: Die ans Lebens*licht* (*lux*) fördernde Geburtsgöttin.

die Angeln: Statt *Anglus* hat De conscr. ep. (S. 412, Z. 8) *Britannicus*. Ironische Anspielung auf William Mountjoy, der ja selbst Engländer war. Zum Topos, dass die Britannen/Angeln am äußersten Ende der Welt leben, vgl. z. B. Hor. carm. 1,35,28–30; Tac. Agr. 30.

Haustauben: Tauben stehen traditionell als Symbol für Sanftmut, aber als Attribute der Aphrodite und des Eros auch für Verliebtheit.

die Löwen sanftmütig ... für ihre Jungen kämpfen: Plin. nat. 8,25,66.

lässt die Esel sogar durchs Feuer gehen: Plin. nat. 8,68.169.

398 *den Vater vieler Geschlechter:* Gen. 12,3.

Trachtest du etwa ... als Jakob: zum häretischen Potential dieser Stelle vgl. Margolin (1975), S. 398, Anm. z. St., und Graf (1996), S. 69.

Dieser zögerte nicht ... zu erkaufen: Gen. 29,15–30.

Wie viele Frauen ... seinem Hause: 1 Kön. 11,1–3.

Xanthippe: seit Xen. mem. 2,2 und symp. 2 der Inbegriff der zänkischen und unverträglichen Ehefrau; zur nachantiken Xanthippe-Rezeption im Humanismus und in der Reformationszeit sowie zu Erasmus' Xanthippe-Burleske *Uxor μεμψιγάμος sive coniugium* s. Weithmann (2010), S. 168–175; vgl. auch Dörfler-Dierken (2002).

weder Gott ... umsonst tut: vgl. Aristot. mot. an. 2,704b 12–18; pol. 1,2,1253a 9.

400 *höchstwahrscheinlich von der Natur:* vgl. Aristot. pol. 1,2,1252a; für Erasmus besteht zwischen natürlichem Trieb und christlicher Tugend kein Widerspruch, vgl. Graf (1996), S. 62.

Als ob man ... in Widerspruch steht: Als Berquins Übersetzung (vgl. Nachwort S. 85, Anm. 21) erschienen war, wurde diese Stelle von der Sorbonne als ketzerisch verurteilt, s. Margolin (1975), S. 401, Anm. z. St.

402 *Essener:* Die Essener waren eine kleine jüdische Sekte zur Zeit Jesu, die in mönchsartiger Gemeinschaft in strenger Askese und im Zölibat lebte. Erasmus bezeichnet oft die Mönche seiner Zeit pejorativ als *Esseni.*

Aber Christus selbst ... entmannt haben: vgl. Mt. 19,12.

In der heutigen Zeit ... als bei den Eheleuten: vgl. Allen, ep. 1211, S. 521, Z. 456–459.

wohl aber hat er offen die Scheidung untersagt: vgl. Mt. 19,6.

404 *das Recht der Ehe zubilligte:* In De conscr. ep. (S. 418, Z. 3–10) folgt auf *coniugii*: *praesertim cum ubique tam ingens sit sacerdotum turba, quorum quotusquisque castam agit vitam? Quanto satius concubinas in uxore vertere, ut quas nunc habent cum infamia, cum irrequieta conscientia, habeant palam cum honesta fama, ac liberos gignant, quos ut vere legitimos ament sancteque instituant, quibus et ipsi pudenti non sint, et vicissim ab illis cohonestentur. Atque id opinor, iam pridem procurassent episcoporum officiales, nisi proventus amplior esset ex concubinis quam ex uxoribus* (»zumal es doch überall so viele Priester gibt. Und wie wenige von ihnen führen schon ein keusches Leben? Wie viel besser ist es doch, ihre Konkubinen in Ehefrauen umzuwandeln, damit sie die, die sie jetzt mit Schande und unter unablässigen Gewissensbissen haben, dann offen und mit ehrbarem Leumund hätten und mit ihnen Kinder zeugten, die sie als legitime Kinder wirklich lieben und fromm erziehen könnten, für die sie sich auch nicht zu schämen brauchten und von denen sie umgekehrt wieder geehrt würden. Und dafür, so glaube ich, hätten die bischöflichen Offizialen schon längst Sorge getragen, wenn nicht die Nachkommenschaft von den Konkubinen größer wäre als die von Ehefrauen«). Zur ganzen Stelle vgl. auch Halkin (1977).
um mit ihr Kinder zu zeugen: vgl. die Ehedefinition in der *Institutio christiani matrimonii*, die von der traditonellen römischrechtlichen Definition dadurch abweicht, dass sie den Ehezweck der Kinderzeugung als konstitutiven Bestandteil aufnimmt: *Matrimonium est legitima perpetuaque viri ac mulieris, studio gignendi sobolis, inita conjunctio, vitae ac fortunarumque individuam societatem adducens* (»Die Ehe ist die rechtmäßige und ewige Verbindung zwischen Mann und Frau, die begründet wird zum Zwecke der Erzeugung von Nachkommen und eine unauflösliche Lebens- und Gütergemeinschaft mit sich bringt«), vgl. Inst. christ. matrim., ASD V-6 (2008), S. 64, Z. 110ff. (LB 617), s. auch Graf (1996), S. 64f.
Wenn ein Mann ... neu erwecken soll: vgl. Dtn. 25,5.

die Ehe beinahe verunglimpft: vgl. Margolin (1975), S. 405, Anm. z. St. mit Belegen.

rechtgläubigen Bischöfen: Hieronymus' extrem ehefeindliche Haltung wurde von der christlichen Kirche und Theologie schon zu seinen Lebzeiten abgelehnt, insofern bezeichnet Erasmus die Kritiker des berühmten Kirchenvaters als ›rechtgläubig‹; s. dazu Nachwort S. 80 mit Anm. 4.

noch nicht im klaren ist: d. h., noch nicht weiß, was sie in Bezug auf den weiteren Lebensweg – Ehe, Kinder usw. – will.

406 *durch die Institution der Ehe zu erreichen:* In De conscr. ep. (S. 419, Z. 20 – S. 420, Z. 15) folgt auf *officio*: *Nulla natio tam immanis est quin execretur infanticidium. Principum leges pari propemodum severitate puniunt provocatum abortum et* [420] *accersitam pharmacis sterilitatem. Cur ita? Quia minimum interest inter eum qui quod nasci coeperit, intercipit, et eum qui procurat ne quid nasci possit. Hoc quod in tuo corpore vel arescit, vel magno etiam salutis periculo corrumpitur; quod in somnis elabitur, homo erat, si modo tu esses homo. Execrantur Hebraeorum literae, virum qui iussus congredi cum uxore fratris defuncti, ne quid nasceretur, proiecit semen in terram, et vita iudicatus est indignus, qui vitam invidit nascituro foetui. At quantulum ab hoc differunt, qui sibi perpetuam sterilitatem indicunt? An non videntur tot homines occidere, quot erant nascituri, si liberis gignendis dedissent operam? Quaeso, si cui sit fundus soli natura feracis, quem incultum sinat perpetuo sterilem esse, nonne legibus poenas daret, quod Reipublicae intersit, ut suam quisque rem bene tractet? Si punitur is qui negligit agrum, qui ut maxime colatur, nihil aliud fert quam triticum, aut fabas, aut pisa, qua ponenda dignus est, qui recusat eum fundum colere, qui cultus fert homines? Atque illic diutino molestoque labore est opus, hic brevem culturam etiam voluptas veluti paratum praemium invitat. Quare si quid naturae sensus, si honestum, …* (»Kein Volk ist so grausam, dass es Kindermord nicht verdammte. Die Gesetze der Mächtigen bestrafen mit beinahe gleicher Strenge einen absichtlich herbeigeführten Abortus wie [420] eine durch Arzneimittel

hervorgerufene Unfruchtbarkeit. Warum das? Weil kaum ein Unterschied ist zwischen dem, der eine Schwangerschaft unterbricht, und dem, der dafür sorgt, dass eine solche gar nicht eintreten kann. Das, was in deinem Körper vertrocknet oder auch unter großer Gefahr für das Leben verdirbt, was dir im Schlaf entgleitet, war ein Mensch, wenn du nur ein Mensch bist. Die Schriften der Juden verfluchen den Mann, der, wie ihm geheißen, mit der Frau seines verstorbenen Bruders verkehrte und, um kein Kind zu zeugen, seinen Samen auf den Boden vergoss; das Urteil lautete, er sei des Lebens nicht würdig, weil er dem entstehenden Fötus das Leben nicht gegönnt hatte. Wie wenig unterscheiden sich von ihm diejenigen, die sich immerwährende Unfruchtbarkeit auferlegen? Sind sie nicht offensichtlich für den Tod ebenso vieler Menschen verantwortlich, wie geboren werden würden, wenn sie sich um die Zeugung von Kindern bemüht hätten? Ich bitte dich, wenn jemand ein von Natur aus fruchtbares Stück Ackerland besitzt, das er unbebaut und auf die Dauer brach liegen lässt, sollten ihn dann nicht die Gesetze bestrafen, weil es ja im Interesse des Staates sein müsste, dass ein jeder seinen Besitz gut bearbeitet? Wenn schon bestraft wird, wer seinen Acker vernachlässigt, der bei bester Pflege lauter Weizen, Bohnen oder Erbsen hervorbringt, welche Strafe verdient dann der, der sich weigert, diesen Boden zu bebauen, dessen Bearbeitung Menschen hervorbringt? Im ersten Fall bedarf es einer langen und mühevollen Arbeit, im zweiten verlockt die Lust zu einer kurzen Beglückung und gleichsam leicht erworbenen Belohnung. Wenn dich daher so etwas wie eine natürliche Empfindung, wenn dich Ehrgefühl …«).

408 *jenem Timon:* Der legendäre Misanthrop Timon ist die Hauptgestalt von Lukians Dialog *Timon oder der Menschenfeind*; diesen (und viele andere Dialoge dieses Autors) hat Erasmus, an Witz, Ironie und Spottlust Lukian ebenbürtig, ins Lateinische übersetzt (ASD I-1, 1969, S. 489–505).

Aber schätze sie gering als etwas … »Mann«: Die Bedeutung der Erotik und Sexualität in der Ehe wird hier, wie Seidel Menchi

(1993, S. 222, Anm. 34) bemerkt, in der Tat »sehr diskret« abgehandelt.

Mittlerweile wächst ... Schar der Verwandten: Gemeint ist, auch solange die Ehe keusch geführt ist, kommt es zu einem Familienzuwachs.

zum Vater einer schönen Nachkommenschaft macht: vgl. Verg. Aen. 1,75.

ein kleiner Aeneas spielt: vgl. Verg. Aen. 4,328 f.

Dreimal ... als am letzten Tag: Hor. carm. 1,13,17–20.

410 *Der Tod ist allen gewiss:* vgl. Adag. 2812, ASD I-7 (1999), S. 520: *Mors omnibus communis.*

Warum kommt dir nicht ...: Zu dieser Liste der »guten Frauen« vgl. Val. Max. 4,6.

Alkestis: Sie ging für ihren Gatten Admetos in den Tod.

Julia: Ihre Vorbildlichkeit wird wohl darin liegen, dass sie Pompeius auf Bitten ihres Vaters Caesar geheiratet hat.

Portia: Gemeint ist die Tochter des M. Porcius Cato, die in zweiter Ehe mit dem Caesarmörder Brutus verheiratet war. Durch eine sich selbst zugefügte Verletzung erzwang sie, von ihrem Gatten in das Komplott gegen Caesar eingeweiht zu werden. Nach dessen Tod beging sie Selbstmord, indem sie glühende Kohlen schluckte, vgl. Plutarch, *Brutus* 13 und 53.

Artemisia: Sie war die Schwester und Gattin des Karerkönigs Maussollos, für welchen sie ein gigantisches Grabmahl errichten ließ.

Hypsicratea: Eine Konkubine des Mithridates von »stets männlicher Verwegenheit«, vgl. Plutarch, *Pompeius* 32,8; Val. Max. 6,6; Orosius 6,5,3–5.

Tercia Aemilia: Die dritte Tochter des L. Aemilius Paullus, Frau des Scipio Africanus und Mutter der Cornelia, der Mutter der Gracchen.

Turia: Sie rettete ihren Gatten Q. Lucretius Vespillo in einem Versteck vor den Proskriptionen des Jahres 43 v. Chr., vgl. Val. Max. 6,7,2; App. civ. 4,189–192.

Lucretia: Die Gattin des Collatinus wird vom römischen Kö-

nigssohn Tarquinius vergewaltigt, worauf sie ihren Gatten sowie L. Iunius Brutus und P. Valerius zur Rache verpflichtet und sich selbst tötet.

Lentula: Hier irrt Erasmus wohl oder er nennt Sulpicia, die Frau des Lentulus Cruscellio, einfach »Lentula«; Valerius Maximus (6,7,3) berichtet, dass Sulpicia trotz der strengen Obhut ihrer Mutter als Sklavin verkleidet ihrem Mann gefolgt ist, der vor den Proskriptionen nach Sizilien geflohen war, vgl. auch App. civ. 4,39; auf Sulpicias Spur hat mich die Althistorikerin Sabine Tausend gebracht, wofür ich sehr dankbar bin.

Arria: Sie erdolcht sich selbst in der Gegenwart ihres Gatten Caecina Paetus, als sie erfährt, dass er von Claudius zum Tode verurteilt worden ist, vgl. Plin. epist. 3,16 und 6,24; Tac. ann. 16,34,2.

412 *eine rechtschaffene Gattin … auf Erden:* vgl. Iuv. 6,165; Hor. sat. 2,2,26 und wiederholt bei Erasmus selbst: Adag. 1021, ASD II-3 (2005), S. 46; Colloquia ASD I-3 (1972), S. 698, Z. 443.

der bekannte Weise: Salomon, vgl. Spr. 12,4 und 18,22.

als das Eheleben: In De conscr. ep. (S. 425, Z. 9–16) folgt hier: *Ab exitu rem specta: quotumquenque vides qui semel expertus coniugium, non avide repetat? Mauricius meus, cuius eximia prudentia tibi non est incognita, nonne ab obitu coniugis, quam unice deamabat, altero mense duxit in thalamum novam sponsam? Non adeo libidinis impatientia, sed negabat sibi vitam videri vitam, absque coniuge rerum omnium consorte. Iovius noster, nonne iam quartam ambit uxorem? Sic adamabat vivas, ut nullam consolationem admissurus videretur. Sic una defuncta, ad sarciendam thalami solitudinem properabat, quasi leviter illas amasset* (»Betrachte aber die Sache von ihrem Ende her: Wie wenige kennst du, die, wenn sie einmal die Ehe erprobt haben, sie nicht voller Verlangen wieder eingehen wollen? Hat nicht mein Freund Mauricius, dessen außerordentliche Klugheit dir ja nicht unbekannt ist, schon zwei Monate nach dem Tod seiner Gemahlin, die er einzigartig liebte, eine neue Braut geheiratet. Und das nicht so sehr, weil er seine Lust nicht zügeln konnte, sondern

weil er ein Leben ohne Ehepartner, der alles mit ihm teilt, wie er sagte, für kein Leben hielt. Wirbt nicht unser Iovius schon um die vierte Gattin? Er liebte seine Frauen bei Lebzeiten so sehr, dass er, wie es scheint, keinen anderen Trost zulassen wollte. So beeilte er sich, wenn eine gestorben war, sein verwaistes Ehebett neu zu beleben, als ob er die früheren nur flüchtig geliebt hätte«).

Der berühmte Perserkönig ... am Leben sein würde: vgl. Herodot 7,45 f. und Nepos, *Themistocles* 2,4.

414 *Dulopolitaner:* die Bewohner der karischen Stadt Dulopolis (»Sklavenstadt«), vgl. Plin. nat. 5,104.

dass diese nicht sterben: sondern in deinen Nachfahren weiterleben.

416 *Loths Töchter:* vgl. Gen. 19,30–35.

die Lebensweise des Hippolytus: Der Sohn des Theseus und der Amazone Antiope (nach anderer Überlieferung Hippolyte) ist ein begeisterter Jäger und hat sein Leben in den Dienst der keuschen Göttin Artemis gestellt. Dadurch erregt er den Zorn der Liebesgöttin Aphrodite, die Phaedra nach ihrer Eheschließung mit Theseus in Liebe zu ihrem Stiefsohn entbrennen lässt; zu diesem Mythos und dessen breiter Entfaltung in Literatur und Kunst s. Harrauer/Hunger (2006), S. 427–430.

gelangt bist: In De conscr. ep. (S. 428, Z. 24 – S. 429, Z. 3) folgt noch: *Plurimum conducet in hoc suasorio genere longe omnium utilissimo diligenter exerceri. Dominatur enim fere in omnibus generibus. Primum igitur cuiusmodi sit, quod persuadere cupis, attente est considerandum. Deinde quae sunt in eo commoda omnia diligenter colligemus et amplificabimus, contra vero si qua insinunt incommoda, quaeque illius animum posse deterrere videntur, ea aut extenuabimus aut removebimus, excogitatis quamplurimis rationibus, et raionum vonfirmationibus ac locupletationibus. Qui loci incident communes, velut hic incidebat, omnibus rebus insitam esse vim propagandi sui. Item mille morbis, mille casibus atteri genus humanum. Item quam nihil in hac vita iucundum sine consorte. Item senectutem ac mortem tolerabilio-*

rem fieri, paratis liberis. Postremo vero videndum quibus argumentationum formis, aut quibus exornationibus ea quae excogitata sunt, quam commodissime possint explicari (»Es ist wohl von größtem Nutzen, sich in dieser überaus nützlichen Gattung der beratenden Beredsamkeit zu üben. Denn diese spielt in fast allen Gattungen der Rhetorik eine beherrschende Rolle. Zuerst muss man sorgfältig überlegen, welcher Art das ist, wozu man überreden will. Dann werden wir alle damit verbundenen Vorteile gewissenhaft sammeln und ins rechte Licht rücken, die damit verbundenen Nachteile aber, die den anderen offensichtlich abschrecken könnten, die werden wir entweder herunterspielen oder mit zahlreichen ausgeklügelten Argumenten und Begründungen wortreich beiseiteschieben. Dabei wird es zu Gemeinplätzen kommen, wie es auch hier der Fall war, nämlich dass der Drang sich fortzupflanzen allen Dingen von Natur aus innewohne. Ebenso dass die Menschheit von unzähligen Krankheiten und Schicksalsschlägen heimgesucht würde. Desgleichen dass beim Vorhandensein von Kindern das Alter und der Tod [429] leichter zu ertragen wären. Zu guter Letzt aber muss man überlegen, mit welchen Figuren der Beweisführung und mit welchem Redeschmuck man das, was man sich ausgedacht, möglichst zweckmäßig darlegen kann«).

Literaturhinweise

Ausgaben und Textsammlungen

Desiderius Erasmus: Opera omnia. Ed. J. Clericus [Jean Leclerc]. 10 Bde. Lugduni-Batavorum [Leiden] 1703–06. 10 Bde. Nachdr. in 2 Bdn. Hildesheim 1965. [LB]

Desiderius Erasmus: Opus epistolarum. Denuo recognitum et auctum per P. S. Allen. 12 Bde. Oxford 1906–58. [Allen]

Corpus Christianorum. Series Latina. Turnhout 1953 ff. [CCSL]

Desiderius Erasmus: Opera omnia. Amsterdam 1969 ff. [ASD]

Collected Works of Erasmus. Toronto 1974 ff. [CWE]

Historisches Wörterbuch der Rhetorik. Hrsg. von G. Ueding. 10 Bde. Tübingen [u. a.]. 1992–2012. [HWRh]

Migne, J. P.: Patrologiae cursus completus. Series latina. 221 Bde. Paris 1844–64. [PL]

Reallexikon für Antike und Christentum. Bd. 1 ff. Stuttgart 1950 ff. [RAC]

Stoicorum veterum fragmenta. Hrsg. von H. von Arnim. [Bd. 4: Hrsg. von M. Adler.] 4 Bde. Leipzig 1903–24. Neudr. Stuttgart 1964. [SVF]

Weitere Literatur

Angelou, A.: Manuel Palaiologos. Dialogue with the Empress-Mother on Marriage. Introduction, Text and Translation. Wien 1991.

Bevegni, C. (Hrsg.): Manuelis Palaeologi dialogus de matrimonio. ΠΕΡΙ ΓΑΜΟΥ primum edidit C. B. Catania 1989.

Bickel, E.: Diatribe in Senecae philosophi fragmenta. Bd. 1: Fragmenta de matrimonio. Leipzig 1915.

Burkert, W.: Griechische Religion der archaischen und klassischen Periode. 2., überarb. und erw. Aufl. Stuttgart 2011.

Cartlidge, N.: Misogyny in a Medieval University? The »Hoc contra

malos« Commentary on Walter Map's Dissuasio Valerii. In: Journal of Medieval Latin 8 (1998) S. 156–191.

Chomarat, J.: Grammaire et Rhétorique chez Érasme. Bd. 1. Paris 1981.

D'Elia, A. F.: The Renaissance of Marriage in Fifteenth-Century Italy. Cambridge (Mass.) / London 2004.

Delarue, F.: Le dossier du De matrimonio de Sénèque. In: Revue des Études Latines 79 (2001) S. 163–187.

Delling, G.: Ehebruch. In: RAC 4 (1959) Sp. 666–677.

Dörfler-Dierken, A.: »Es ist warlich eyn geringe lust darbey«. Erasmus als Eheberater im Luthertum. In: Zeitschrift für Kirchengeschichte 113 (2002) S. 172–189.

Fantazzi, C.: On the Writing of Letters / De conscribendis epistolis. In: CWE 25 (1985), S. 129–145 [Übers.]; CWE 26, S. 528–534 [Anm.].

Feddern, St.: Die Suasorien des Älteren Seneca. Einleitung, Text und Kommentar. Berlin/Boston 2013. (Göttinger Forum für Altertumswissenschaft. Beihefte. N. F. 4).

Feichtinger, B.: Change and Continuity in Pagan and Christian (Invective) Thought on Women and Marriage from Antiquity to the Middle Ages. In: Satiric Advice on Women and Marriage. From Plautus to Chaucer. Hrsg. von W. S. Smith. Ann Arbor 2005. S. 182–209.

Flüchter, A.: Der Zölibat zwischen Devianz und Norm. Kirchenpolitik und Gemeindealltag in den Herzogtümern Jülich und Berg im 16. und 17. Jahrhundert. Köln/Weimar/Wien 2006.

Föllinger, S.: Differenz und Gleichheit. Das Geschlechterverhältnis in der Sicht griechischer Philosophen des 4. bis 1. Jahrhunderts v. Chr. Stuttgart 1996. (Hermes-Einzelschriften. 74.)

Gaiser, K.: Für und wider die Ehe. Antike Stimmen zu einer offenen Frage. München 1974.

Graf, K.: Eine epikureische Affektenlehre in Erasmus' von Rotterdam *Christiani Matrimonii Institutio* von 1526. In: Wolfenbütteler Renaissance-Mitteilungen 20,2 (1996) S. 57–73.

– »Ut suam quisque vult esse, ita est.« Die Gelehrtenehe als Frauenerziehung. Drei Eheschriften des Erasmus von Rotterdam (1518–1526). In: Schnell (1998c), S. 233–257. [Zit. als: Graf, 1998.]

Gutiérrez Arranz, J. M.: La sátira latina clásica en De nugis curialium de Walter Map. In: Estudios Clásicos 140 (2011) S. 57–76.

Halkin, L.-E.: Érasme et le célibat sacerdotal. In: Revue d'histoire et de philosophie religieuses 57 (1977) S. 497–511.

Hanna III, R. / Lawler, T. (Hrsg.): Jankyn's Book of Wikked Wyves. Bd. 1: The Primary Texts (Walter Map's »Dissuasio Valerii«, Theophrastus's »De nuptiis«, Jerome's »Adversus Jovinianum«). Athens (Ga.) / London 1997.

Harrauer, C. / Hunger, H.: Lexikon der griechischen und römischen Mythologie. Mit Hinweisen auf das Fortwirken antiker Stoffe und Motive in der bildenden Kunst, Literatur und Musik des Abendlandes bis zur Gegenwart. 9., vollst. neu bearb. Aufl. Purkersdorf 2006.

Hasse, D. N. (Hrsg.): Abaelards »Historia calamitatum«. Text – Übersetzung – literaturwissenschaftliche Modellanalysen. Berlin / New York 2002.

Haye, T.: Oratio. Mittelalterliche Redekunst in lateinischer Sprache, Leiden/Boston/Köln 1999.

Heath, M.: Erasmus and the Laws of Marriage. In: Acta Conventus Neo-Latini Hafniensis. Proceedings of the Eighth International Congress of Neo-Latin Studies Copenhagen, 12 August to 17 August 1991. Hrsg. von R. Schnur. Binghampton (N. Y.) 1994. S. 474–484.

Huizinga, J.: Erasmus. Eine Biographie. Mit einem Nachw. von Heinz Holezcek und aktual. Bibliogr. [Übers. von Werner Kaegi.] Neuausg. Reinbek b. Hamburg 1993. [[1]1953.]

Kohl, R.: De scholasticarum declamationum argumentis ex historia petitis. Paderborn 1915.

Krapinger, G.: Suasoria. In: Historisches Wörterbuch der Rhetorik 9 (2009) Sp. 245–255.

Krause, J.-U.: Kriminalgeschichte der Antike. München 2004.

Lehmann, P.: Die *Institutio oratoria* des Quintilianus im Mittelalter. In: P. L.: Erforschung des Mittelalters. Bd. 2. Stuttgart 1959. S. 1–28. – Zuerst in: Philologus 39 (1934) S. 349–383.

Mansfield, B.: Erasmus in the Twentieth Century. Interpretations c 1920–2000. Toronto/Buffalo/London 2003.

James, M. R. / Brook, C. N. L. / Mynors, R. A. B. (Übers., Hrsg.): Walter Map. De nugis curialium (= Courtiers' trifles). Oxford 1983. S. 288–315.
Margolin, J.-C. (Hrsg.): Erasmus von Rotterdam. De conscribendis epistulis. In: ASD I-2 (1971), S. 153–579. [Anm.] [Zit. als: Margolin, 1971.)
– Erasmus von Rotterdam. Encomium matrimonii. In: ASD I-5 (1975), S. 333–416. [Anm.] [Zit. als: Margolin, 1975.]
Mette-Dittmann, A.: Die Ehegesetzgebung des Augustus. Eine Untersuchung im Rahmen der Gesellschaftspolitik des Princeps. Stuttgart 1991. (Historia-Einzelschrift. 67.)
Olin, J. C.: Erasmus and the Church Fathers. J. C. O.: Sex Essays on Erasmus and a Translation of Erasmus' Letter to Carondelet, 1523. New York 1979. S. 33–47.
Payne, J. B.: Erasmus. His Theology of the Sacraments. Atlanta 1970.
Rajna, P.: Tre studi per la storia del libro di Andrea Cappellano. In: Studi di Filologia Romanza 5 (1891) S. 193–272.
Reese, A. W.: Learning Virginity: Erasmus' Ideal of Christian Marriage. In: Bibliothèque d'Humanisme et Renaissance 57 (1995) S. 551–567.
Ribhegge, W.: Erasmus von Rotterdam. Darmstadt 2010.
Roth, D.: An »uxor ducenda«? Zur Geschichte eines Topos von der Antike bis zur frühen Neuzeit. In: Schnell (1998c), S. 171–232. [Zit. als: Roth, 1998a.]
– Mittelalterliche Misogynie – ein Mythos? Die antiken »molestiae nuptiarum« im »Adversus Iovinianum« und ihre Rezeption in der lateinischen Literatur des 12. Jahrhunderts. In: Archiv für Kulturgeschichte 80,1 (1998) S. 39–66. [Zit. als: Roth, 1998b.]
Schnell, R.: Geschlechtergeschichte und Textgeschichte. Eine Fallstudie zu mittelalterlichen und frühneuzeitlichen Ehepredigten. In: Text und Geschlecht. Mann und Frau in Eheschriften der frühen Neuzeit. Hrsg. von R. Sch. Frankfurt a. M. 1997. S. 145–175.
– The Discourse on Marriage in the Middle Ages. In: Speculum 73 (1998) S. 771–786. [Zit. als: Schnell, 1998a.]
– Frauendiskurs, Männerdiskurs, Ehediskurs. Textsorten und Ge-

schlechterkonzepte. Frankfurt a. M. / New York. [Zit. als: Schnell, 1998b.]
– Sexualität und Emotionalität in der vormodernen Ehe. Köln/Weimar/Wien 2002.
– (Hrsg.): Geschlechterbeziehungen und Textfunktionen. Studien zu Eheschriften der Frühen Neuzeit. Tübingen 1998. [Zit. als: Schnell, 1998c.]

Seidel Menchi, S.: Erasmus als Ketzer. Reformation und Inquisition im Italien des 16. Jahrhunderts. Leiden / New York / Köln 1993.
– Whether to Remove Erasmus from the Index of Prohibited Books: Debates in the Roman Curia, 1570–1610. In: Erasmus of Rotterdam Society Yearbook 20 (2000) S. 19–33.

Tartaglia, A. (Hrsg.): Theodoros II Ducas Lascaris. Opuscula rhetorica. München/Leipzig 2000. [S. 109–118: *Ad amicos qui ipsum hortabantur ut uxorem duceret.*]

Telle, É. V.: Érasme de Rotterdam et le septième sacrement. Étude d'évangélisme matrimonial au XVIe siècle et contribution à la biographie intellectuelle d'Érasme. Genf 1954.
– (Hrsg.): Erasmus Rotterodamus. Dilutio eorum quae Iodocus Clithoveus scripsit adversus declamationem Des. Erasmi Roterodami suasoriam matrimonii. Paris 1968.

van der Poel, M.: Cornelius Agrippa, the Humanist Theologian and his Declamations. Leiden / New York / Köln 1997.
– Erasmus, Rhetoric and Theology: the Encomium matrimonii. In: Myricae. Essays on Neo-latin Literature in Memory of Jozef Ijsewijn. Hrsg. von D. Sacré und G. Tournoy. Leuven 2000. S. 207–227.
– For Freedom of Opinion. Erasmus' Defence of the Encomion matrimonii. In: Erasmus of Rotterdam Society Yearbook 25 (2005) S. 1–17.

Weiler, A. G.: Vorwort zur Institutio matrimonii Christiani. In: ASD V-6 (2008), S. 1–39.

Weithmann, M.: Xanthippe und Sokrates. Frauen und Männer im alten Athen. Darmstadt 2010.

Nachwort

Erasmus stellt sein Ehelob ganz bewusst in die Tradition der antiken Suasorie[1], einer Beratungsrede zu einem fiktiven Thema. Unser Bild dieser Textsorte hat vor allem Seneca der Ältere geprägt. Unter dem erhaltenen Bestand seiner Suasoriensammlung überwiegen historische Themenstellungen: So überlegt beispielsweise Alexander der Große, ob er Babylon betreten solle, obwohl ihm ein Augur Gefahr prophezeit hat (Suas. 4); in Suas. 7 überlegt Cicero, ob er seine Schriften verbrennen solle, da ihm in diesem Falle Antonius Schonung verheißt; lediglich Suas. 3 stellt sich einen mythologischen Stoff zur Aufgabe: Agamemnon überlegt, ob er Iphigenie opfern solle, da Kalchas verheißen hat, dass man sonst nicht weitersegeln könne.

Auch Quintilian wählt Suasorienthemen, die mit Ja oder Nein zu entscheiden sind, und stellt die Suasorie als eine Erweiterung der θέσις, einer Form der Progymnasmata, kleinerer kompositioneller Vorübungen, dar: Aus einem allgemeinen Problem, eben einem Thesis-Thema (z.B.: Soll man heiraten?), wird durch einen Anlass- und Adressatenbezug ein konkreter Sachverhalt hergestellt (z.B. Soll Herr X Frau Y heiraten?). Den antiken Quellen nach wurde das zeitlos aktuelle Dilemma, ob man denn nun heiraten solle, häufig mit dem älteren Cato in Zusammenhang gebracht. Ein Rhetorikschüler muss sich etwa in die Lage versetzen, Cato stünde überlegend vor ihm und solle ihm bezüglich Heirat durch eine wohlproportionierte und ausgefeilte Rede zu- oder abraten.

1 Vgl. Feddern (2013), S. 1–96; Krapinger (2009).

Der Ursprung des Topos *An vir ducat uxorem* ist älter als unser erster Gewährsmann Quintilian (3,5).[2] Allerdings scheinen weder der im Mittelalter schwach rezipierte Quintilian[3] noch Aphthonius mit seiner Behandlung der Ehefrage in den Progymnasmata im Mittelalter nachhaltig gewirkt zu haben. Am wirkmächtigsten war Hieronymus' Streitschrift *Adversus Jovinianum*,[4] eine Fundgrube christlichen und paganen misogynen und misogamen Materials. Letzteres speist sich nach Hieronymus' Angaben aus Theophrasts *Aureolus liber de nuptiis* und Senecas nicht erhaltener Schrift *De matrimonio*.[5]

Die meisten Eheschriften aus dem 12. und 13. Jh. sind an Theophrasts Vorlage[6] orientierte literarisch-rhetorische

2 Vgl. ausführlich Roth (1998b).

3 Zur Quintilian-Rezeption im Mittelalter vgl. Lehmann (1959), S. 1–28; einschränkend Haye (1999), S. 9.

4 Im ersten Buch (I, 41–49; PL 23, Sp. 270–282; den Text bieten auch Bickel, 1915, S. 382–394, und in Auszügen Hanna/Lawler, 1997, S. 157–193; mit englischer Übersetzung) versucht Hieronymus gegen Jovinian, den höheren Wert der Jungfräulichkeit und Witwenschaft nach einmaliger Ehe gegenüber Ehe und Wiederverheiratung zu beweisen. Wie Jovinian in seiner Argumentation für die Ehe auf pagane Literatur, die die Abwertung der Ehe als widernatürlich ansieht, verwiesen hatte, so bringt Hieronymus nun seinerseits eine Reihe von Beispielen aus der heidnischen Literatur, die sein Virginitätsideal stützten. Ob Hieronymus Theophrasts und Senecas Ansichten zur Ehe direkt oder über Zwischenquellen kennengelernt hat, ist umstritten und kann hier aus Platzgründen nicht erörtert werden, vgl. Delarue (2001) nebst Gaiser (1974), S. 30–33.

5 Vgl. Hanna/Lawler 1997, S. 8–31.

6 Zur Rezeption des Theophrast-Fragments, dem Ehediskurs in der

dissuasiones von Gelehrten, die von der Ehe zugunsten eines den Studien und Gott geweihten zölibatären Lebens abraten. Petrus Abaelardus ist der erste, der im Mittelalter das Thema *An uxor ducenda* aufgegriffen hat, indem er 1132 in seinem als *Historia calamitatum* bekannten ersten Brief an Heloise eine *dissuasio matrimonii* eines Philosophen eingefügt hat.[7] Ferner wird die Heiratsfrage im *Policraticus* des Johannes von Salisbury, im Traktat *De nuptiis libri duo* Hugos von Folieto[8] und in der *Epistula ad amicum suum* (1184) aus der Feder des Petrus von Blois abgehandelt.[9] In Briefform abgefasst ist auch Andrea Fieschis *De dissuasione uxorationis* aus dem 13. Jh.[10] Zum ersten Mal in der deutschen Literatur bearbeitet das Thema Heinrich Wittenwiler in seinem *Ring*.[11]

Auch in der byzantinischen Literatur wird das gängige Thesis-Thema variiert: So erteilt Theodoros II. Ducas Lascaris dem Zuraten seiner Freunde, er solle sich nach dem Tod seiner Frau nochmals verheiraten, eine »philosophische«

klerikalen Ethik und anderen Ehe- und Frauenbildern im Mittelalter s. besonders Roth (1998a), der mustergültig und lehrreich zeigt, dass die Geschichte der Rezeption des Theophrast-Fragments keine Entwicklung von einem misogamen Mittelalter zu einer philogamen Renaissance erkennen lässt; vgl. auch Schnell (1997); Schnell (1998a), S. 771–786; Schnell (1998b), Kap. I.

7 Text und Übersetzung in Hasse (2002), S. 2–100.

8 PL 176, Sp. 1202–09.

9 PL 207, Sp. 243–247; vgl. auch Feichtinger (2005), S. 182–209.

10 Der Text ist als Appendix abgedruckt in Rajna (1891); vgl. Roth (1998a), S. 186, und Cartlidge (1998), S. 156–191.

11 Vgl. Roth (1998a).

Absage, und Manuel Palaiologos verfasst zu diesem Thema einen Dialog mit seiner Mutter Helena Kantakuzene als Gesprächspartnerin.[12]

In die Form einer Suasorie gießt, wie Erasmus, auch der walisisch-englische Dichter Walter Map (um 1130/35–1209/10) in seiner Prosaschrift *De nugis curialium* seine *Dissuasio Valerii ad Ruffinum philosophum ne uxorem ducat.*

Walter Map schickt dem in Briefform verfassten Text eine kurze Einleitung voraus: Er erzählt, er habe einen Freund gehabt, einen Philosophen, der plötzlich völlig verändert gewesen sei, da er, von Venus besessen, habe heiraten wollen. Als Freundespflicht schreibe er ihm einen Brief zur Warnung unter Änderung beider Namen, sowohl des Briefschreibers als auch des ehewilligen Adressaten. Es folgt eine wahre Flut von paganen und christlichen misogynen und misogamen Topoi.[13]

Die vorliegende, erstmals 1518 gedruckte Schrift unseres großen Humanisten[14] preist die Ehe als erstes und einziges von Gott noch vor dem Sündenfall gestiftetes Sakrament,

12 Tartaglia (2000), S. 109–118; Bevegni (1989); Angelou (1991).

13 Wir haben uns bisher gattungsmäßig und thematisch unserer Eheschrift angenähert; umstritten ist, ob Erasmus bei (der mir nicht zugänglichen) Schrift *Libellus de dignitate atque fructu matrimonii* des italienischen Humanisten Giannantonio Campano (1429–77) direkte Anleihen nimmt, wie Telle (1954), S. 183, behauptet.

14 Als Einführungswerke zu Erasmus empfehlen sich Ribhegge (2010) und »der Klassiker« Huizinga (1993), zum Ehediskurs Schnell (2002).

als die der menschlichen Natur primär gemäße und für die Erhaltung der Menschheit unersetzliche Lebensform, lobt sie als Quelle eines glücklichen Daseins und als Institution von hohem gesellschaftlichen Wert. Der Adressat der Suasorie wird hier nicht genannt. In seinem *Catalogus de lucubrationum* erklärt Erasmus im Jahre 1523, die Schrift sei für seinen Rhetorikschüler und freundschaftlichen Gönner William Blount, Lord Mountjoy, bestimmt gewesen.[15]

In der Einleitung wendet sich Erasmus bzw. das Suasorien-Ich an einen jungen Mann und führt in die Redesituation ein[16]: Von Antonius Baldus, ein wohl erfundener Name, habe er erfahren, dass die Mutter des Adressaten verstorben sei und dessen Schwester das Keuschheitsgelübde abgelegt habe. Er selbst aber habe sich so sehr für die Ehelosigkeit entschieden, dass er weder aus Interesse für seine Familie noch durch das Verlangen nach einem Nachkommen, noch durch irgendwelche Bitten und Ermahnungen der Freunde oder durch deren Tränen von seinem Vorhaben abgebracht werden könnte. Und das, obwohl es auch nicht an einer jungen Frau mangelt, die sowohl schön als auch reich ist und den Adressaten der erasmianischen Ehesuasorie auch noch innig liebt.[17]

15 Margolin (1975), S. 337.

16 Dass Erasmus minuziös Quintilians Vorgaben für die symbuleutische Rhetorik befolgt, zeigt van der Poel (2000), S. 213–220.

17 Eigentlich ist das Zusammentreffen all dieser Faktoren seit Theophrasts Diktum, das wir aus Hieronymus, einem Lieblingsschriftsteller des Erasmus, kennen, etwas Unmögliches: Hieronymus, *Adversus Jovinianum* I, 47, PL 23, Sp. 289: »Es gibt ein goldenes Büchlein des Theophrast über die Ehe, in dem er untersucht, ob der Weise heiraten soll. Dabei stellt er zwar zunächst fest: Wenn

Wer das *Encomium matrimonii* nach der Lektüre der genannten Ehetraktate in die Hand nimmt, wird staunen, wenn er bei Erasmus liest, nichts bereite mehr Geborgenheit, Ruhe und Glück als das Eheleben. Der Humanist äußert sich zwar ebenfalls aus einer androzentrischen Perspektive und kehrt das tradierte Frauen- und Ehebild keineswegs um,[18] ansonsten aber kommt er zu einer völlig veränderten Bewertung der Ehe; Erasmus wendet sich vehement gegen die religiöse Begründung der Ehelosigkeit und sucht damit das Ansehen des zölibatären Standes zu schmälern; diesem wird der Vorrang vor der Ehe mit Entschiedenheit abgesprochen. Er schätzt die emotionale und sexuelle Zweisamkeit in der Ehe und rechtfertigt diese nicht nur theologisch, sondern auch politisch und ökonomisch; schon im Februar 1519 brandmarkte der prominente Löwener Theologe Jean Briart d'Ath in öffentlicher Rede – ohne dabei Erasmus und das *Encomium*, die ohne Zweifel gemeint waren, beim Namen zu nennen – die Ansicht, die Ehe sei dem Zölibat vorzuziehen, als häretisch.

Erasmus' Erklärung, dass es sich bei der inkriminierten Schrift um eine jugendliche rhetorische Fingerübung im Stil des *genus laudativum* handle und nicht um eine ernsthafte theologische Äußerung, konnte die Gegner nicht überzeugen,[19] und gerade durch den Streit mit den theo-

die Frau schön, sittsam und von ehrenwerten Eltern und er selbst gesund und reich wäre, so könnte zuweilen der Weise eine Ehe eingehen. Dann aber bemerkt er gleich: Dies alles fällt selten in einer Ehe zusammen – folglich soll der Weise nicht heiraten.«

18 Vgl. Seidel Menchi (1993), S. 220–223, und Graf (1998), S. 234–238.

19 Zu den zahlreichen theologischen Attacken gegen das *Encomium matrimonii* vgl. Margolin (1975), S. 367–381, und Telle (1968),

logischen Kritikern in Löwen und Paris, den die Drucke seit 1518 nach sich zogen, erhielt die Suasorie größere Bedeutung.

Erasmus antwortete der theologischen Fakultät zu Löwen mit der am 1. März 1519 abgeschlossenen *Apologia pro declamatione matrimonii.*[20] Mit dem beschwichtigenden Hinweis, es habe sich bei seiner Eheschrift[21] doch nur um eine Suasorie gehandelt, listet er uns die konstitutiven Elemente dieser Textsorte nochmals auf, darunter besonders ihren spielerischen und fiktiven Charakter und den Grundsatz *in utramque partem disserere.*

S. 60–64 mit einem Quellenverzeichnis zum gesamten Komplex der Streitigkeiten; der profunde Erasmus-Kenner Victor Émile Telle steht im Lager der Kritiker der erasmischen Eheschrift, und es soll nicht unerwähnt bleiben, dass in der Forschung erhebliche Vorbehalte gegen seine Interpretationen vorgebracht wurden; vgl. Margolin (1975), S. 368, 371 mit Anm. 197; Seidel Menchi (1993), S. 221 mit Anm. 26; Mansfield (2003), S. 114 f.; zur erasmischen Eheauffassung vgl. noch Chomarat (1981), S. 949–952; Payne (1970), S. 109–111; Heath (1994), S. 474–484; Reese (1995), S. 551–567; Graf (1998), S. 233–257; van der Poel (2000), S. 221–227; Weiler (2008); von katholischer Zensur betroffen waren die Schriften unseres Humanisten auch noch nach seinem Tod, vgl. Seidel Menchi (2000) und D'Elia (2004), S. 132.

20 LB IX, Sp. 105 E – 112 A; vgl. auch van der Poel (2005).

21 Der erste französische Übersetzer des Ehelobs, Louis de Berquin, stirbt immerhin den Ketzertod auf dem Scheiterhaufen, freilich nicht wegen dieser häretischen Verfehlung seiner Übersetzung allein, s. dazu und zu den Übersetzungen ins Englische und Deutsche Margolin (1975), S. 353–367; letztere stammt von Johannes Herold, wurde Georg Fugger zugeeignet und erschien 1542 in Straßburg bei Balthasar Beck.

Den fiktiven Status des *Encomiums* unterstrich Erasmus, indem er es 1522 als *exemplum epistolae suasoriae* in seine Brieflehre *De conscribendis epistulis*[22] aufnahm und ihr dort das abratende Gegenstück *De genere dissuasionis*[23] folgen ließ. Auf die Kritik des Pariser Theologen Josse Clichtove in seinem *Propugnaculum ecclesiae adversus Lutheranos* (Paris 1526) antwortet Erasmus zunächst kurz mit der *Appendix de scriptis Clichtovei*[24]. Nachdem die Pariser theologische Fakultät 1531 ihre 1526 formulierte Verurteilung verschiedener Schriften des Erasmus veröffentlicht hatte, ließ dieser 1532 die *Dilutio eorum quae Iodocus Clithoveus scripsit adversus declamationem Des. Erasmi Roterodami suasoriam matrimonii*[25] folgen, die nicht nur die früheren eigenen und gegnerischen Stellungnahmen zusammenfasst, sondern die Thematik zu einer grundsätzlichen Diskussion um den Zölibat ausweitet.

Die Verteidigungslinie des Erasmus liegt darin, für sich die Freiheit in Anspruch genommen zu haben, als junger Rhetoriklehrer zu pädagogischen Zwecken Argumente für und wider die Ehe aufgelistet zu haben. Er stehe dabei in alter Tradition, schließlich habe schon Platon[26] Glaukon die

22 ASD 1-2, S. 400–429.

23 Ebd., S. 429–432; wenn Erasmus zu seiner Verteidigung seine Schrift gegen die Ehe ins Feld führt, kann er nicht recht überzeugen: Der von der Ehe abratende Brief beträgt im Umfang fast nur ein Zehntel des Briefes mit dem Ehelob und scheint recht lustlos und vergleichsweise uninspiriert hingeworfen.

24 LB IX, Sp. 811 E – 814 D.

25 »Widerlegung dessen, was Jesse Clichtove gegen die Beratungsrede des Desiderius Erasmus von Rotterdam über die Ehe schrieb«.

26 In seiner *Politeia* 358c–361d.

Sache der Ungerechtigkeit vertreten lassen, nur um dann umso wirkungsvoller einen für die Gerechtigkeit plädierenden Sokrates darstellen zu können. Erasmus geißelt in seinen Entgegnungen die Ignoranz seiner Kritiker und überschüttet sie mit Hohn und Spott; er beginnt die *Dilutio*, seine umfangreichste Verteidigung, folgendermaßen: »Endlich habe ich genau gelesen, was Iodocus Clithoveus[27] im zweiten Buch seiner ›Verteidigung‹[28] gegen meine Übungsrede ›Über das Lob der Ehe‹ geschrieben hat. Aber während er gegen das fiktive Thema allen Ernstes mit Belegen aus der Heiligen Schrift und den Kirchenvätern und mit kirchlichen Dekreten zu Felde zog, entlockte er mir beinahe ein Lachen; es war mir, als würde ich einem Veteranen in voller Rüstung zusehen, wie er mit aller Gewalt gegen Schatten kämpft und den Zusehern das Schauspiel eines Spiegelgefechtes liefert. Dennoch gefiel mir seine Überzeugung, brennend von einzigartiger, wie es scheint, Liebe zur Keuschheit. Denn ich bin davon überzeugt, dass er alles ehrlich gemeint hat, halte ich ihn doch für einen rechtschaffenen Mann, an dem keinerlei Falsch ist. [...] Aber der Satan, der sich auf viele Künste versteht, versteht es auch, schlichte Gemüter mit den Verlockungen der Frömmigkeit zu verführen. Andernfalls hätte er, wenn er sich daran erinnert hätte, wie viel Rechtschaffenheit sich für einen christlichen Priester, wie viel Umsicht sich für einen Theologen, noch dazu für einen aus Paris, wie viel Mäßigung sich für einen Kritiker und wie viel Barmherzig-

27 Josse Clichtove.

28 Des oben genannten *Propugnaculum ecclesiae adversus Lutheranos.*

keit sich für einen Verteidiger der Kirche geziemt, weder unwahre Anschuldigungen erhoben, noch mit wütenden Worten so maßlos übertrieben. Das wäre nützlicher gewesen und beispielgebend für seine ruhmreiche Akademie und ehrenvoller für seinen Ruf als Theologe. Dennoch verfasse ich hier keine eigentliche Verteidigung, damit ich nicht, wenn ich schon als junger Mensch bei der Behandlung dieses Themas albern daherredete, jetzt noch im Alter, wenn ich das ernsthaft verteidige, was ja nur spielerisch gemeint war, noch mehr albernes Zeug rede. Ich möchte nur einiges anmerken, bei dem ich mich gezwungen sehe, die von ihm erwartete Mäßigung und Rechtschaffenheit zu vermissen. Zunächst einmal lehnt er es ab, dass es in dieser Angelegenheit für mich spricht, dass ich in einer Apologie gegen Johannes Atensis[29] ausdrücklich darauf hinweise, ich hätte diese Darstellung als junger Mann verfasst, und zwar nicht für mich, sondern für William Lord Mountjoy, den ich damals gerade in den Gesetzen der Rhetorik unterrichtet hatte, um mit diesem Thema dem Jüngling gleichsam praktisch vor Augen zu führen, was ich in meiner Vorlesung zur Redekunst gelehrt hatte. Wenn du, sagt Clithoveus, das, was du als junger Mann geschrieben hattest, im höheren Alter, besser bewandert in der Heiligen Schrift, herausgeben würdest, müsstest du die Keuschheit der Ehe vorziehen. Mein lieber Iodocus, ich war nicht so unerfahren in der Heiligen Schrift, dass ich nicht wüsste, dass eine freiwillige, aus Liebe zur Frömmigkeit auf sich genommene Keuschheit der Ehe vorzuziehen ist. Aber darum ging es dort ja gar nicht. Wenn es meine Absicht gewesen wäre, dieses Thema

29 Der oben erwähnte Jean Briard d'Ath.

nach den Aussagen der Heiligen Schrift und nach den Erwägungen der Theologen ins reine zu bringen, dann hätte es eines Schwammes und nicht eines Griffels bedurft.

Ich glaubte den schwachsinnigen Bedenken zur Genüge entgegengetreten zu sein, da ich in der Einleitung versicherte, dass es sich dabei um eine Übungsrede handelte, verfasst, um Fähigkeiten in der Rhetorik zu vermitteln und nicht Dogmen der christlichen Religion.«[30]

Schließlich stiehlt sich Erasmus ganz aus der theologischen Verantwortung, indem er sich auf die Fiktionalität seiner Ausführungen in einer didaktisch angelegten Schulschrift beruft: »Aber Clithoveus will auch nicht, dass mich der Titel irgendwie schützt, habe ich doch das Werk eine Übungsrede genannt habe; dabei ist er noch ein gutes Stück gescheiter als jener Theologe, der glaubte, Declamatio bedeute auf Latein dasselbe wie heilige Predigt, und aufgrund dieses Irrtums meinen Namen öffentlich in einem voll besetzten Hörsaal mit hasserfüllten Worten in den Schmutz zieht. Bei diesem Irrtum ertappte ich den Menschen später in einem Gespräch unter vier Augen.[31] So gefährlich ist es für uns, wenn einige nicht Latein können. Clithoveus gibt zwar zu, dass es in einer Übungsrede um ein fiktives Thema geht, allerdings handle es sich dabei hauptsächlich um Rechtsfälle, bei denen beide Seiten glaubhaft erörtert werden. Um uns davon zu überzeugen, führt er einige Argumente aus den Deklamationen des Quintilian an. Dann stellt er mich zur Rede, ob das eine fiktive Auseinanderset-

30 Übersetzt nach dem lat. Text von Telle (1968), S. 69 f.

31 Erasmus schildert die Episode in seiner *Apologia adversus debacchationes Petri Sutoris* (1525), LB IX, Sp. 770 B.

zung sei und ob die Frage ›Ist die Ehelosigkeit der Ehe vorzuziehen oder umgekehrt?‹ vor einem Gerichtshof verhandelt werden müsse. Zuerst einmal, wer lehrte Iodocus, dass eine Übungsrede hauptsächlich Rechtsfälle erörtert, die vor einem Richter verhandelt werden, wo doch Seneca, den er, wie ich vermute, gelesen hat, so viele Beratungsreden anführt? Aber räumen wir ihm ein, dass Übungsreden sich hauptsächlich mit Rechtsfällen beschäftigen, folgt daraus sogleich, dass Übungsreden nicht auch der Gattung der Beratungs- oder Lobreden angehören? Wenn jemand sich in Lobreden übt, einen Menschen, eine Stadt oder ein Volk preist, in welche Rubrik werden wir das einordnen? Ferner, wenn jemand einen unrühmlichen Stoff behandelt, wenn er zum Beispiel eine Lobrede auf Busyris hält, wie Isokrates es getan hat,[32] oder auf Phalaris, wie Lukian es tat,[33] oder auf das Wechselfieber, wie Favorinus, oder auf die Kahlköpfigkeit, wie Synesius,[34] oder auf das Glück der unvernünftigen Tiere, wie Plutarch,[35] wird man das nicht eine Übungsrede nennen, nur weil das Thema nicht nach

32 Isokrates (436–338) hat eine Lobrede auf Busiris, den mythischen König der Ägypter, der Menschen opferte, verfasst.

33 Erasmus erweist sich als profunder Kenner antiker Rhetorikgeschichte und verweist auf Lukians zwei Verteidigungsreden für Phalaris, den grausamsten Tyrannen der Antike.

34 Ein wahrer Meister der Beredsamkeit erprobt sein Talent auch an völlig unpassenden Aufgaben und kann auch Tadelnswertes loben: Wie der Sophist und Philosoph Favorinus von Arelate (1./2. Jh. n. Chr.) das Wechselfieber (das Werk ist nicht erhalten, vgl. Gell. 17,12) oder der spätantike Bischof und Philosoph Synesios die Kahlköpfigkeit, so lobt Erasmus die Ehe.

35 Der Dialog *Bruta animalia ratione uti sive Gryllus* (*Gryllos oder die Vernunft der unvernünftigen Tiere*).

beiden Seiten hin glaubhaft ist? Allerdings meinen die Gelehrten, dass derartige Themen in hohem Maße zur geistigen Beweglichkeit beitragen. [...] Ferner, wie kommt er auf die Idee, dass ich die Frage behandle, ob die Ehelosigkeit der Ehe vorzuziehen sei, oder umgekehrt? Solches ist mir nicht einmal im Traum eingefallen. Es wird ja auch vor Gericht nicht untersucht, ob es besser ist, unverheiratet zu sein oder verheiratet. Quintilian fordert in seinen Beratungsreden dazu auf, zu untersuchen, ob der Philosoph heiraten soll. Ich behandle diese Frage in Form einer Beratungsrede, allerdings eingebettet in eine konkrete Situation. Er verbessert also meinen Titel und nennt die Rede ›Empfehlung zur Ehe‹ oder ›Ermahnung zur Ehe‹. Ich selbst nenne sie irgendwo ›Lob der Ehe‹. Aber, was soll's? Oder gehören Ermahnung und Lob nicht zu den Übungen der Rhetoren? [...] Wenn ihn der Titel getäuscht hat, so hätte er doch wenigstens aus dem Inhalt selbst erkennen können, dass es eine Deklamation und Beratungsrede ist und nichts Ernsthaftes. Schließlich zeigt auch meine Apologie, die er ja gelesen zu haben versichert, ganz klar das Wesen des Themas. Aber vielleicht hatte er seine Schrift gegen die kleine Übungsrede schon verfasst, ehe er noch aus meiner Apologie gelernt hatte, was Declamatio auf Lateinisch bedeutet und dass dieses Thema nach beiden Seiten hin behandelt wurde. Er hätte also die Art und Weise seiner Argumentation ändern müssen, aber er zog es vor, mit albernen Ausflüchten seinen böswilligen Angriffen freien Raum zu lassen. Es irrt Iodocus also schon von allem Anfang an und ist, wie man so sagt, noch im Hafen auf Grund gelaufen.«[36]

36 Übersetzt nach dem lat. Text von Telle (1968), S. 71f.

Bei aller rhetorischen Brillanz gelingt es Erasmus doch nicht, sich der Verantwortung dafür zu entschlagen, dass er vehement gegen ein Verständnis anschreibt, das die Jungfräulichkeit als die werthafteste Lebensform ansieht und dem Ehestand nach dem Zölibat und nach der dauerhaften Enthaltsamkeit Verwitweter erst den dritten Rang zuweist. Dieses Verständnis beruft sich auf das biblische Gleichnis vom Sämann,[37] wird von Hieronymus argumentativ untermauert,[38] von Augustinus aufgegriffen und abgewandelt[39] und von der *Glossa ordinaria* und der *Postilla super Bibliam* des Nikolaus von Lyra weitertradiert.[40] Das *Encomium matrimonium* ist ferner auch nicht die einzige Schrift, mit der sich der große Humanist um eine Aufwertung der Ehe bemüht: Auch und ganz besonders die vier Dialoge, die sich aus verschiedenen Perspektiven mit der Ehe beschäftigen, *Proci et puellae*, *Virgo misogamos*, *Virgo poenitens* und *Conjugium*, aber auch der trockene theologische Traktat, mit dem Erasmus, von seinen Feinden als *Lutheranae impietatis acerrimus propugnator* und *Lutheranae vesaniae defensor*[41] bezeichnet, die letzten häretischen Verdachtsmomente ausräumen möchte, die *Institutio matrimonii christiani*[42], verstärken den Eindruck großer Philogamie; auch die Kritik am Zölibat und Klerikerkonkubi-

37 Mt. 13,23 und Mk. 4,8.

38 *Adv. Jovinianum* I 3; PL XXIII, Sp. 222 f.; *Commentarii in Mathaeum* II,13,23 (CCSL LXXVII, S. 105 f.).

39 *Quaestiones Evangeliorum* I,9, PL XXXV, Sp. 1325 f.

40 Seidel Menchi (1993), S. 220.

41 Margolin (1975), S. 373 mit Belegen.

42 Zu Chronologie und Inhalt dieser Schriften vgl. Telle (1954), S. 71–125, 153–187, 293–314, 347 f., und Seidel Menchi (1993), S. 228–233;

nat[43] ist in unterschiedlicher Ausprägung in all diesen Schriften sichtbar.

Wie viele seiner frommen Zeitgenossen, so können wohl auch die aufmerksamen Leserinnen und Leser seiner Eheschrift in unseren Tagen nicht glauben, dass es Erasmus mit seiner Rechtfertigung ernst ist. So nimmt es nicht wunder, dass auch seine katholischen Widersacher ihm seine Forderung, rhetorische Etüden müssten dem Zugriff kirchlicher Zensoren und Tugendwächter enthoben sein, nicht erfüllen und wohl erkannt haben: Der Humanist wollte nicht lediglich eine bescheidene rhetorische Musterrede schreiben, sondern seine Absicht lag im *declamantem dicere verum* oder, um mit Bruce Mansfield zu sprechen, darin, in eine rhetorische Schulübung ein »manifesto for moral change« zu verpacken.[44]

zur *Institutio* vgl. bes. Graf (1996) sowie die m. E. wohl beste Einführung zur erasmischen Eheauffassung von Weiler (2008).

43 Vgl. die Haltung des Erasmus dazu kurz und prägnant zusammenfassend Flüchter (2006), S. 66–73 mit Literatur.

44 Mansfield (2003), S. 68 (bezogen auf die zutreffende Interpretation von Seidel Menchi, 1993; s. bes. die Kap. »Grammatikschule als Schule der Häresie«, S. 139–168, und »Eheliche Liebe und Gottesliebe«, S. 214–234).

Inhalt